DIOS DE HECHO

Pero se abrió otro rollo, es el libro de la vida.

Revelación 20.12

Indice

(I) Definición

En este libro se mantiene el término "Dios" por la necesidad de designar a un **ser supremo**. Dicha **supremacía** es concebida en calidad de un **ser vivo e inteligente, biológicamente superior a toda la vida que conocemos**, así como nosotros somos biológicamente superiores a los peces o los animales de la tierra.

Aquí el concepto "Dios" no denota un ser inmaterial, puesto que quien escribe no **sabe** cuál sea la composición de Dios, ni un ser al cual haya que temer o adorar por sistema. **Dios es una realidad viva con la que debemos coincidir o armonizar si queremos lograr una sociedad feliz y en consecuencia vivir felices en ella.** Tampoco conocemos si en verdad es Dios el principio de todo o si es efecto de alguna causa, aunque especulativamente nos inclinemos hacia una perspectiva materialista por las razones que se explicarán en el capítulo VIII. Por otra parte, pensamos que el concepto de la inmaterialidad de Dios viene de una noción antigua, de cuando el hombre se hacía una idea espiritual de todo lo que no podía ver ni tocar, pero que en cambio percibía existiendo, relacionándose con él. Para ese hombre Dios era como el aire, sólo que hoy sabemos que el aire, aunque no lo veamos a simple vista está compuesto de partículas de oxígeno. Job decía: "He aquí que Él pasará delante de mí, y no lo veré; pasará y no lo entenderé." (9.11)

En nuestro tiempo estamos más cerca de entender a Dios tal cual es. La ciencia, opuesta a la religión en principio metodológico, diferente, concibe a Dios hoy como una posibilidad, cuando no una necesidad.

La noción de respeto a Dios se mantiene por cuanto debemos respetar la ley del amor, que es Él mismo. Es simple, la vida humana está orientada según reglas: no robes, no mates, se bueno, respeta el bien y tu vida será mejor. Has lo correcto. No lo hagas y, bueno, asume las consecuencias. Dios también estará contigo en la cárcel y en la enfermedad que tú mismo conseguiste. Esto es así a nivel personal, pero no es posible la felicidad individual en una sociedad en que no se hace lo correcto, lo justo y verdadero, sino lo útil para el gobierno.

Quien siembra vientos recoge tempestades. Es cierto. Pero ¿por qué pasa esto? ¿Por qué desde tiempos bíblicos (Oseas 8:7) hasta ahora si sembramos vientos recogemos tempestades, a escala individual, a escala social? Porque vivimos en una Ley Social que temenos que respetar. O respetamos esa Ley, que es Dios mismo, o sencillamente, como toda Ley Física o Química en que existimos, nos reaccionará de manera desfavorable.

La guerra es el huracán social debido precisamente al desconocimiento de cómo funciona nuestra Sociedad. Si los que tienen la responsabilidad de dirigir y administrar nuestro mundo no saben cómo funciona, qué Ley lo llena y no aceptan que sólo respetando la Ley constitutiva de nuestra Sociedad (el amor, Dios mismo), sólo y sólo así tendremos una Sociedad justa y feliz, donde los seres humanos puedan vivir sin dolor y sufrimiento, jamás alcanzaremos un mundo unido, armónico, feliz.

En cuanto al nombre de Dios, en la propia Biblia se expresa "Eloin en el principio creo el cielo y la tierra". Eloin es una manera plural de nombrar a Dios. En la Biblia aparece Eloin miles de veces y aparece también Yahveh, representación singular para la misma realidad: Dios. Jesús mismo utiliza esta manera de concebir a Dios cuando exclama "Eloi Eloi Lama Sabachthani". Mateo 27.46. Dios percibido como una realidad única pero experimentable en todas partes. Para que usted comprenda esto es mejor que lo aplique a su nombre y vea la diferencia entre concebirlo a usted y concebir a Dios. Digamos que usted se llama María, o usted Pedro. No tiene mucho sentido que le digan Marias, o Pedros ¿verdad? Usted no está en todas partes, usted no es capaz de comportarse como Dios, sencillamente usted es otra cosa, no se le percibe igual. Obvio, ni usted ni yo somos Dios, aunque igual nos llena y ordena. De ahí viene la concepción plurar de Dios. Mucho más avanzada que la noción de dioses para todo (como en Grecia, Roma, India, Africa) regidos por un Dios máximo. De ahí el concepto, calidad, variación del nombre Yahveh en plural. Yhaveh en cuanto uno, Eloin para expresar del mismo ser su pluralidad existencial. Dios llena todo, esta en todas partes, como percibía Jeremías en 23:24.

Lo importante más que el nombre es el concepto que tenemos de Dios. En este sentido, si nos referimos con el concepto *Dios* a un ser que nos constituye y ordena en cuanto Ley Social, entonces no importa mucho que le llamemos Alá en un país y en otro Yavé, debido al idioma, la cultura e historia del país. El concepto Dios en cuanto Ley Social con la que tenemos que vivir en armonía evita conflictos entre diferentes opiniones religiosas, que llega hasta a convertir en ejercitos enemigos a los hombres.

Cuando Dios decide intervenir personalmente en el mundo e informarle al hombre la realidad de que solo hay un Dios y ese Dios es Él mismo, Yhwh, lo hace para distinguirse nominalmente de todos los dioses que había imaginado el hombre. En Éxodo 6.2-3 se lee que mucho antes Dios se presentó en cuanto ser vivo y todopoderoso, sin la necesidad de un nombre. Una vez que sabemos que no hay más Dios que Dios entonces no se ve la necesidad de distinguirlo de otro ser semejante. Nosotros tenemos nombre y apellido para distinguirnos básicamente de otra persona y finalmente en verdad nos distinguimos radicalmente de otra persona por un número. Pero si Dios tuvo necesidad de usar un nombre para distinguirse de todos los nombres de dioses que para cada cosa venía haciéndose el hombre, en realidad no hay otro Dios que Dios y por tanto basta con que expresemos la palabra Dios para que en todo el mundo se comprenda que hablamos de ese ser superior biológicamente al ser humano, que está en todas partes, esa energía viva en la que vivimos y que da el sentido de hacer lo correcto para obtener la felicidad en nuestra sociedad y en consecuencia en nuestras vidas individuales, energía viva en la que nos transformamos al ocurrir el proceso que aún desconocemos y al que llamamos "muerte" (véase Cap. VIII).

(II) ¿Qué es Dios?

Un ser vivo e inteligente en el que nos transformamos al final de la vida humana (véase Cap. VIII). Está en todas partes. Este ser es la ley misma de la vida. Vivimos en Dios y vivimos mejor o peor según vivamos en armonía con este ser que es ley Él mismo. Esto se cumple para el hombre como individuo, pero también para la sociedad humana. No puede haber hombre feliz en una sociedad divergente de Dios, de la ley de la vida. Mientras los gobiernos no observen con todo rigor la ley de la vida sólo podremos ir de paz en paz luego de los momentos de guerras como culminación de todas las acciones que a diario se ejecutan y desde siglos en divergencia de esta Ley Social. No podemos vivir en Dios (y desde que nacemos es lo que pasa) sin amor, sin respetar u observar la ley viva en que existimos. Es como si quisiéramos quedarnos en el vacío y flotando sin algo que nos sostenga. Nos estrellaríamos contra el suelo si no respetamos la ley de gravitación universal. Por lo mismo venimos estrellándonos una y otra vez en la sociedad humana, por no considerar y respetar en nuestras acciones la Ley Social en que vivimos.

Desde las escuelas elementales se debería enseñar la ley de la vida humana en relación con Dios, así como se nos enseñan los principios básicos de nuestro lenguaje y las matemáticas para poder comunicarnos con las otras personas y para poder desarrollarnos en un mundo organizado numéricamente. Así como se enseñan las leyes físicas y químicas en que vivimos se deberá enseñar la Ley social en que vivimos y que se manifiesta en la consecuencia de nuestros actos. Es urgente que desde la edad más temprana se le enseñe al niño la realidad del ser Dios y la relación de este ser con la sociedad humana, que se le enseñe que la vida humana tiene el sentido de alcanzar la felicidad según haga lo correcto y verdadero no lo útil. No podemos salir de la escuela elemental sin al menos tener una noción básica de qué es nuestra vida social en relación con Dios, porque sólo así tendremos éxito social e individual. Esos alumnos en el futuro les enseñarían a sus hijos en sus casas esa realidad, la realidad del hombre en relación con Dios, relación armónica de la que depende la felicidad humana, el éxito social.

(III) De Cualquier libro básico de alguna religión y de la Biblia –en donde se hace especial referencia a este libro debido a que es el texto religioso que más personas siguen en el mundo y por su contenido de amor al prójimo, bien que siempre con la condicionante de un premio o un castigo, interés fundamental (el amor) de *Dios de hecho*.

Cualquier texto que se haya elaborado o elabore desde perspectiva religiosa, aun los menos imposibles o contradictorios a vista del hombre del siglo XXI, aun los de línea más atractivamente practicable para el hombre actual, por ese hecho de haber salido de una mira religiosa quedan limitados a un segmento de la historia y por consiguiente a ser superados por otros en los cuales se escriba desde una concepción que admita a Dios, pero no lo considere religiosamente, esto es, que **no lo crea por fe** sino **lo sepa por hecho** y no lo conciba en cuanto ser de poderosa e indefinida superioridad que hay que temer o incluso amar, sin embargo, practicando una adoración temerosa. No hay que temer o adorar sino respetar una ley que en definitiva nos hace mejores, eso es Dios en nuestro tiempo. Dios es el mismo desde los primeros tiempos, pero nosotros no. Tenemos más conocimientos y experiencia en el mundo y eso nos permite conocerlo mejor.

Si en la Biblia no encontrásemos el amor a Dios y al prójimo siendo parte de un sistema fundamentado en el temor, podríamos hacer una excepción y decir que, menos dicha doctrina, el contenido de la Biblia es de valor histórico, literario, educativo. Como es parte de tal sistema, no podemos salvar el ideal del amor a Dios y al prójimo para nuestro tiempo más que extrayéndolo del sistema bíblico e insertándolo en uno nuevo, el cual no proponga el amor entre los seres humanos y entre estos y Dios basado en el temor y la fe –la religión-, sino en la experiencia y la comprensión –el hecho. Ya no se le habla al hombre de Dios, o de lo que le dijeron que era Dios, sino que Dios está listo para relacionarse con cada hombre, directamente. No es necesaria la opinión de nadie en el proceso directo de conocimiento de Dios.

La Biblia es sobre todo el libro que describe la relación de Dios con el ser humano y el mundo de este. Es la historia de Dios y el hombre. Con ejemplos prácticos, con hechos que nos demuestran que o seguimos la ley vital que instauró Dios para la vida humana, así como existe la ley de gravedad para el mundo físico, o no nos irá tan bien como quisiéramos. Nuestro planeta gira y no choca con otros en observancia de leyes físicas, igual nosotros debemos existir en observancia de la ley vital. Esa historia no acabó –la del hombre en relación con Dios. La podemos dividir en historia inicial –que abarca desde las primeras manifestaciones de Dios en la Tierra que recoge la Biblia, hasta el siglo I de nuestra era, donde aparece Cristo-, historia segunda –que abarca todo el primer y el segundo milenio de nuestra era- e historia post bíblica –que inicia en el tercer milenio que vivimos. Desde el Antiguo hasta el Nuevo Testamento se observa que Dios se dirigió al hombre como pudo entonces, al nivel de su mentalidad y conocimientos. Un poco como que lo trato como al niño, que, aunque no se le puede explicar lo que debe hacer y por qué, se le enseña a hacer lo mejor, sobre todo para él mismo. En el periodo en que vivimos se impone que se le trate al hombre al nivel de su mentalidad y conocimientos hoy día. Es el tiempo del descubrimiento, de la verdad, de que se corra el velo del que hablaba Juan en su Apocalipsis. De ahí el título de este libro. Se trata del hecho de la presencia de Dios porque nos relacionamos con él fácticamente. Ya no tenemos que creer en que Dios existe porque lo dice alguien, sino que sabemos que existe porque lo vivimos, porque lo experimentamos directamente.

Este libro pretende darle al hombre un sistema que lo guíe en la vida sin la promesa de castigarlo o impedirle un premio por la eternidad. Según se comporte. Proponemos el bien y la relación de amor con Dios entregando al ser humano la posibilidad de relacionarse fácticamente con Él y una suma de ideas conclusión de un diálogo, que quieren dar conocimiento, no un lenguaje que incita a obrar según el temor a un castigo. Por ello **Dios de hecho** no ofrece un sistema fundamentado en el temor o en el amor temeroso, sino en la comprensión y la vivencia del ser Dios con el fin de que la raza humana rechace el mal por conocimiento y convicción, no que intente actuar bien temiendo privarse de un premio o ser castigada. La idea de castigo o premio eternos según el comportamiento es injusta porque no es proporcional con el tiempo de vida eternos. Si a un hombre esto le parece evidente, a Dios ni siquiera se le ocurriría castigar a un hombre o mujer eternamente, o privarle para siempre de un premio. No es justo, no es proporcional con el tiempo de vida humano.

Retomemos la Biblia. Ella es, pues, un libro escrito para el momento religioso del hombre, aunque con enseñanzas prácticas aún vigentes. Pertenece a la era religiosa del hombre. Nosotros vivimos en la era científica. Los libros religiosos están inspirados y escritos en un lenguaje que al hombre actual le saben a misterio y nebulosa, no tienen mucho que ver con los hechos y la demostración que se exige en la actualidad. La Biblia no tenía que ser (ni podía serlo) un tratado científico. Sencillamente hubiese sido incomprensible para el hombre de entonces. Anacrónica. Y es que, a la Biblia, como a cualquier otro libro religioso, le está vedada la exactitud por el hecho mismo de que el lenguaje religioso no se basa en el dato preciso, sino en todo lo contrario: en el misterio y la nebulosa de lo que se desconoce. El objetivo de la Biblia era que creyesen en Dios y a partir de ello fundamentar un orden moral. Ese primer nivel de fundamentación se logró admirablemente, pero aún no ha terminado la obra y en nuestro tiempo no podemos utilizar los términos de hacer creer, sino de entregar conocimiento, saber, hechos. Si hoy mismo Dios decide hacérsenos manifiesto, no podría dirigirse a nosotros del mismo modo que lo hizo con Abraham o Moisés. Tendría que basar su relación en los conocimientos que tenemos de la materia, de la vida, del Universo. A Dios no le quedó más remedio que hablar con el hombre-niño de aquellos tiempos en el lenguaje apropiado. De ahí todo el error y la inexactitud de que se acusa a la Biblia y a los libros religiosos en general. Lo que de la Biblia y de cualquier libro religioso es vigente mientras exista la raza humana es su valor literario, histórico, educativo, su contenido, en sí mismo y sin un vínculo religioso con Dios, de enseñanza al ser humano de la bondad, de cómo perfeccionarse física y espiritualmente, su contenido de amor entre los seres humanos y entre nosotros y Dios.

Proverbios es un libro eterno, por ejemplo, por cuanto lo que se dice ahí en cuanto enseñanza para la vida era tan válido en tiempos de Salomón como ahora mismo. Hay mucha enseñanza práctica en la Biblia para hacernos entender que desde aquellos tiempos hasta ahora mientras respetes la ley de la vida, que es Dios mismo, te irá mejor. En cuanto ley se cumple tanto para el individuo como para la sociedad.

No es necesario que el hombre se perfeccione, aprenda y practique el amor desde y en una perspectiva religiosa. La religión en el progreso humano es un escalón del pretérito. Ha sido, y lo es aún, un instrumento pluriforme de Dios para hacer realizable con la mayor eficacia el ideal del amor y la paz. Pero insistir hoy en una perspectiva religiosa basada en el conocimiento e interpretación de Dios de épocas antiguas es un error metodológico, contraproducente con el objetivo que se persigue: la correcta comprensión de la realidad de Dios.

Otro elemento que deja superables los textos religiosos es el de no predicar todos un mismo concepto, lo cual obstaculiza la unidad ideológica universal en cuanto a Dios, la manera de concebirlo y de relacionarnos con él. En nuestro tiempo lo fundamental es el concepto de Dios como realidad y ley vital.

Hemos hablado considerando la parte educativa, histórica de los textos religiosos, la parte concentrada sobre todo en el hombre. Queda la parte que en los libros religiosos trata del mundo en que vive el ser humano: Cualquier expresión sobre nuestro mundo que aparezca en los libros que nos ocupan siempre nos viene de una orientación profética, según la fe; por tanto, nunca es saber del hombre, sino posibilidad de certeza. Como es tal, sólo nos puede servir de señal de alerta e incentivo de búsqueda, de hipótesis para confirmación o negación futura. Así mismo debemos tratar cualquier dato que en los textos religiosos se nos dé sobre la naturaleza de Dios. Las profecías que se cumplen son sobre todo una certeza más de que Dios existe. Por cuanto lo que se dijo en un tiempo a modo de futurición se cumple aquí en este tiempo o en otro anterior y eso sólo puede venir de algo que proyectó el futuro, por decirlo de algún modo, lo programó.

Las necesidades y los instintos espirituales de los hombres son en la familia humana tan variados como los apetitos, los caracteres y los rasgos físicos; moralmente hablando, los hombres no llegan a su estado más perfecto sino cuando se hallan provistos de la indumentaria religiosa a cuyo color, corte y tamaño se acomoda más bellamente el carácter, ángulos y estatura espiritual del individuo que la lleva.

Mark Twain

(IV) De la religión. ¿Por qué diferentes nombres para un ser supremo (Dios) y por qué el politeísmo o religión de varios dioses?

Desde la perspectiva de los hombres, si utilizamos una de las definiciones a mano, religión es un "conjunto de creencias o dogmas acerca de la divinidad, de sentimientos de veneración y temor hacia ella, de normas morales para la conducta individual y social y de prácticas rituales, principalmente la oración y el sacrificio para darle culto" (Diccionario de la Lengua Española). Otra definición nos indica que es un conjunto de creencias relativas a la salvación personal o a la adoración de un Dios o dioses concretos (Enciclopedia Temática Lectus Vergara, Las religiones).

Desde la perspectiva de Dios, la religión ha sido y es un medio para educar y unir a los hombres en un ideal común a la vez que una manera de declarar su presencia en el mundo y de relacionarse con ellos para darle a sus vidas un sentido más allá del sentido de la vida de los animales. Aunque en la actualidad Dios continúa utilizando el sistema religioso para relacionarse con los hombres, la religión fue pensada y creada para hombres de tiempos pasados. El cambio de sistema del que se nos habla en la Biblia es precisamente esto, cuando Dios se manifiesta de hecho y culmina la era de la fe y el símbolo, la confusión o falta de un criterio de verdad correcto, cuando el hombre sabe de Dios y lo acepta como realidad (Revelación 21:1-4).

Como al niño, que con relación al hombre maduro es por definición inculto, ignorante, de sentimientos e ideas simples, Dios trató a los primeros hombres, con quienes decidió relacionarse de modo religioso. Y esta manera de relacionarse Dios con el hombre de aquellos tiempos tuvo su necesidad sobre todo por dos razones. Primero, que Dios no podía exponerle a ese hombre razonamientos incomprensibles, anacrónicos para esa época. Segundo por la necesidad de que el hombre respetase la ley programada por Dios para la vida humana, y precisamente porque el hombre no comprendía (ni comprende aún hoy en día) que esa ley de la vida humana no es un castigo ni una opresión, sino una necesidad que si no observamos es imposible nuestra felicidad en cuanto seres humanos, precisamente por eso esa ley se basó en el temor.

Proyectando que más adecuado para el hombre-niño de entonces no sería la estricta verdad sino la parábola y el símbolo, la adoración y el temor, en la parábola, el símbolo, la adoración y el temor fundamentó el sistema religioso. Según el sistema religioso, cuando el hombre actúa en conformidad con la voluntad divina le va bien; de lo contrario, mal. A esta divinidad hay que adorarla y temerla.

Hoy día podemos hablar de un sistema nuevo en el que Dios es presente por nuestra relación directa con Él, y por ese hecho y relación directa comprendemos la realidad de la ley del amor. Nadie teme la ley de la gravedad, sino que la comprendemos y si podemos volar es porque la utilizamos a nuestro favor. De igual manera si comprendemos qué es Dios y la relación de nuestro mundo y la sociedad con Él, nos irá mejor, alcanzaremos la felicidad social.

El objetivo fundamental de este libro es que, mediante la comunicación directa con Dios, mediante la vivencia de la realidad de Dios, el hombre tenga un motivo fáctico para ***creerlo porque lo sabe*** y ese sea el fundamento de sus acciones en la vida. No una fe sino un saber propone **Dios de hecho**. Por tanto no una nueva religión sino una relación con Dios de índole experimental por cuanto parte del hecho de un diálogo y una vivencia.

En nuestro tiempo, si bien aún Dios se relaciona con los hombres mediando el sistema religioso, la religión, lejos de unir a los hombres en una unidad universal bajo un mismo concepto, los separa en este o aquel credo religioso y hasta convierte en ejércitos enemigos. Pero lo importante no es rechazar o aceptar y seguir a Moisés, a Cristo, a Mahoma, Buda o a Confucio, o si se ***cree (imagina)*** que Dios es de una forma u otra, etc., porque en el fondo todas proponen el amor, la paz, la bondad. Lo urgente es el amor entre los hombres y entre estos y Dios por el bien de los propios seres humanos.

La religión, en cuanto sistema moral basado en el temor y adoración a un ser partiendo de la fe –creencia en algo que no se ha percibido ni percibe pero que ha dado indicios de existir- no es el sistema adecuado en el mundo de hoy. Si pensamos que hoy día las religiones sólo se diferencian en cuanto a doctrina, pero su fondo es el mismo: haz el bien, sólo existe un Dios, entonces no le vemos sentido a que hayan distintos credos religiosos. Porque todos esos credos no son más que aproximaciones a una verdad que no se dijo clara en tiempos bíblicos precisamente porque el hombre de entonces no comprendería nada. Todos esos credos en el fondo dicen lo mismo: sé bueno, haz el bien, sólo hay un Dios, la vida humana sigue, no acaba con la muerte.

El ideal de nuestro tiempo es el amor entre los hombres y la relación amistosa con Dios mediante la vivencia y la comprensión. No se habla aquí de destruir religiones, sino de que los miembros de esas organizaciones se comuniquen directamente con Dios, así como de que incluso los hombres que no pertenecen a ninguna religión tengan el derecho de comunicarse con Dios libre y directamente. Se habla de que conociendo todos directamente a Dios se acaben las doctrinas erróneas. Que las personas comprendan que si en verdad les va mejor en una religión no es por el sistema teológico que defiende su partido religioso sino porque a diferencia de otras personas, no roban, no mienten, no son violentos, ni borrachos, es decir porque básicamente están haciendo lo que instituyó Dios para darle orden y sentido a la sociedad humana, no porque sigan una doctrina religiosa u otra. Lo que no comprenden muchas personas es que no les va mejor que a otros por seguir esta o aquella religión sino porque en su vida coinciden con el sentido de la vida o Dios mismo, la ley del amor para la vida humana.

Ahora: ¿cómo se explica que Dios tenga un nombre en un país y que en otro lo llamen de diferente modo, o que en un territorio ya no sea un Dios sino muchos?

Cuando el hombre comenzó a hacerse de una espiritualidad, primero fue hechicero o brujo, después religioso y por último científico. En un principio intuía que algo inteligente y vivo estaba con él en su mundo. Interpretó pues que podía obtener cierto poder de su relación con esa fuerza que intuía viviendo con él y que podía hacer llover y hacer beneficios o maleficios a distancia. Percibía una existencia que lo guiaba todo igual que él guiaba su cuerpo. Se hacía la idea de que a la naturaleza la envolvía y llenaba un ser inteligente y vivo. Lo llamaba espíritu y sub nombraba espíritus menores a lo que animaba el fuego, tal especie animal, etc., etc. El hombre fue siendo de un modo o de otro en esta o aquella parte del mundo. Iba creándose un lenguaje, una manera de percibir los objetos y nombrarlos, aunque en el fondo igual en todas partes, diferente en la forma. Era la circunstancia de introducir en la sociedad humana un estado más desarrollado: la religión, es decir un trato entre los hombres y Dios basado en el temor y la adoración. Este nuevo vínculo incluía explícitamente la ley moral.

Precisamente la épica batalla que cuenta la Biblia. La historia de la relación de Dios con el hombre. Cuando Dios toma acción manifiesta en nuestro mundo y le dice al hombre que no hay más Dios que Él mismo y por la necesidad de distinguirse de todo lo que el hombre iba imaginando a su conveniencia u opinión usó el nombre Yhwh, en hebreo (en nuestra lengua Yavé o Jehová).

En este momento histórico se les habló a los hombres, a modo de corrección, en términos de un Dios, un ser superior a ellos, único, omnipotente y omnisapiente, que proyectaba lo mejor para la raza humana. Que ese ser en un lugar del mundo construyera, directa o indirectamente, un tipo de religión y en otro construyera otro distinto se debió igual a cómo venían siendo los hombres en su territorio y tiempo específicos –no se entra aquí en el problema de cuál religión ha sido realmente inspirada por Dios o cuál no: se considera la religión en principio y en general inspirada por Dios y no en contra de esa definición cualquier credo religioso que pretenda unir a cierto grupo humano o unir universalmente a los hombres en el ideal de la paz, la armonía, el bien. El límite de la religión hoy es que individualiza el ideal del bien –eterno en el espacio y en el tiempo, ideal absoluto por insuperable– en el sub ideal de un grupo de dioses (politeísmo), o en el de un dios único, pero asumido aquí o allá de diferente manera (monoteísmo). Sólo hay una manera de interpretar a Dios y es comprendiéndole indisolublemente unido a la ley del amor que es Él mismo. Sólo hay un Dios. Puedes llamarlo Jehová, Alá, Brahman, Tao o como hasta ahora se venga acercando una cultura de pensamiento a la verdad de Dios, mientras todos esos nombres signifiquen el mismo concepto, el amor, la verdad, lo correcto, sin lo que nuestra sociedad no puede ser feliz.

Por ello, incluso una religión que tenga pretensiones de unión universal, al excluir otras concepciones religiosas, o a los enviados de Dios que han fundado otras religiones, especifica nocivamente el ideal del amor entre los hombres. La orientación religiosa que sinceramente aspire al bien de la raza humana debería estar dispuesta a eliminar de sí cualquier aspecto que pueda obstaculizar la unión universal del hombre en un ideal común. Debería estar dispuesta a aceptar que lo que separa a las religiones es la opinión que cada doctrina defiende respecto a Dios o su profeta, y lo que definitivamente pudiera unirlas es lo que tienen en común: que aceptan a un Dios único y que ese Dios le ha dado el sentido del bien y la felicidad a la vida humana, siempre que se respete la ley del amor, que es Dios mismo.

Debido a la formación del hombre se explican las variantes religiosas que dios utilizó. Un problema de cómo tratar a los hombres de un territorio determinado en un tiempo específico, de que entre los seres humanos triunfase la doctrina del mejoramiento humano, que en definitiva es la razón de ser de todas las religiones, para que en el futuro se unificaran en un solo ideal (entendemos por religión la creencia –fe- en un Dios, o dioses, que proponga una doctrina del bien).

El politeísmo, las prácticas religioso-mágicas, el espiritismo, etc., son interpretaciones de la realidad más primitivas que las que admiten un solo Dios. Y si alguna utilidad aún tiene es por la aceptación de que existe un más allá, aunque turbio y erróneo pero que rige la vida de acá.

El diablo, el infierno, son aún parte activa del sistema moral basado en el símbolo y en el temor que es la religión. Los subsistemas de malignidad van disminuyendo su ser útil a medida que aumentan en tiempo de existencia: la función histórica de ellos es ser absorbidos por un sistema total bueno. De ahí que no tengan en rigor mismidad alguna. El diablo, por sistema, se nos va volviendo bueno mientras más viejo. No tiene alternativa. Pero queda nuestra libertad. Tenemos responsabilidad en la desaparición más lenta o más rápida del diablo y su infierno en cuanto depende su existencia, además, de nuestras decisiones respecto a la ley de la vida humana –el amor. Si decidimos injustamente, crece el diablo y el infierno. Mientras más personas lo hagan pues peor. Si decidimos en divergencia de la ley del amor la reacción individual o social será adversa, a la corta, o la larga. Si nuestras decisiones buscan coincidir con el amor, con no afectar por convicción nunca a nadie ni a la sociedad ni al planeta en que vivimos, adiós diablo, adiós infierno.

Todos los caminos conducen a Roma. Todas las variantes que Dios ha creado o que sin haberlas creado directamente utiliza para que el hombre se relacione con Él tienen en el fondo el mismo objetivo: que el hombre se mejore y con él su sociedad.

(V) De las instituciones religiosas

Las instituciones religiosas de nuestro planeta deberían unificarse y orientar o fortalecer su celo en conseguir recursos materiales que les permitan perfeccionar la sociedad humana. La actividad espiritual que ejecutan las instituciones religiosas en todo el mundo podría ser complementada con un aumento de actividad de índole material; y hablamos concretamente de más intervención práctica en los asuntos del mundo en que vivimos. No sólo de pan, bienestar y casa vive el hombre, pero tampoco únicamente de espiritualidad. Laborar por más pan, bienestar, casa y espíritu para el ser humano. Ese debería ser el criterio de acción de las instituciones religiosas del planeta. El hombre piensa y actúa según vive. Es reflejo de su circunstancia.

Si es importante que el hombre tenga una doctrina espiritual que lo dirija y perfeccione, también es importante que tenga sus necesidades materiales resueltas, lo cual depende de una Administración responsable. Una sociedad que no les sea un obstáculo a los hombres para vivir en armonía con la ley de la vida es lo que se necesita. ¿Cómo puede ser bueno exitosamente un hombre en cuanto individuo si el Gobierno de su país no se rige por el conocimiento de la realidad de Dios? ¿Cómo puede ser justo, pacífico o bueno un hombre si nació en un país en que su gobierno ni respeta esos valores ni los educa, ni los promueve?

Toda institución religiosa debería tomar asunto en nuestro mundo en primer término asumiendo su papel administrativo y político en la sociedad, a manera de partido. Seguro triunfaría un partido que estuviese en armonía de hecho con Dios. Más tarde el partidismo político finalmente desaparecería puesto que todo partido que estuviese en armonía con el sentido de la vida humana, el bien, no sería sino todo lo contrario de aquella idea de que dos ejércitos que combaten entre sí es uno solo que se extermina a sí mismo. Imagínese todos los gobiernos del mundo dirigidos por personas relacionadas directamente con Dios y convencidas de que nuestro mundo sólo es gobernable en observancia de la ley del amor que es Dios mismo.

Dios de hecho no incita a la aniquilación de las instituciones religiosas. Aspira a la transformación de la manera religiosa de relacionarse con Dios de las mismas y de su actuar en la sociedad, a la unificación de los grupos religiosos que existen en el mundo y de tales grupos con el resto de los hombres, aspira, finalmente, a que dicha unión sirva de elemento básico en el logro de una Federación Universal de Estados. La unión mundial sólo será posible una vez que los hombres se unifiquen en una misma doctrina y proyecten un objetivo común. Un código de comunicación de hecho con Dios es la herramienta que traemos para hacer realizable esta tarea, mientras la ciencia no lo descubra. Entonces vamos a vivir en un mundo que trate la realidad de Dios de la misma manera que actuamos respecto a las leyes físicas y químicas, pero en este caso una Ley Social.

(VI) Del Sexo

¿Qué es malo para el hombre? Lo que lo priva de bien. ¿El sexo priva al hombre de algún bien? Sólo si se practica cuando pudiera transmitir o agravar alguna enfermedad o padecimiento, cuando violenta a alguien, daña sensibilidades o es excesivo.

¿El sexo en sí mismo priva al hombre de bienes espirituales? No. Todavía en los mayores casos de darse a labores intelectuales o del espíritu el sexo no es inconveniente en general ni en la actualidad inconveniente para ningún hombre. Al contrario: el amor complementado con el sexo relaja y dulcifica, le inyecta a uno serenidad y acerca más a lo humano. Nos hace mejores pues.

¿La privación de sexo da poder espiritual? Falso. De lo mismo es capaz quien practique el sexo de modo normal, sin excesos, que quien no. Lo que sí es seguro es que quien no lo practica, y sin embargo lo anhela, es imperfecto. Luego no sería el sexo lo que lo privara de bien sino la carencia sexual. La carencia sexual, pues, podría ser para el hombre o la mujer que necesite sexo un mal. Lo dicho es aplicable para una pregunta de que si la privación de sexo da potencia física. Porque aunque no se puede olvidar, por ejemplo, que a los deportistas sus entrenadores les recomiendan no pasarse en el sexo (e incluso se les prohíbe) cuando tienen competencias importantes para que no disminuyan el rendimiento, en general las prácticas sexuales no entrañan imperfección física. Si atendemos a que un funcionamiento óptimo del organismo humano depende de la sanidad síquico-física pudiera ser arriesgado sacrificar lo físico en un supuesto bien de lo síquico. Mente sana en cuerpo sano, sí; pero la fórmula es igualmente cierta a la inversa: cuerpo sano donde hay mente sana.

Por tanto el sexo no es un mal. Podemos detenernos ahora en temas sexuales que las religiones han tratado represivamente, bien que algunas menos que otras: los chinos y los japoneses ven como un don del cielo la sexualidad, por ejemplo. Los hindúes poseen el Kamasutra, todo un manual de sexo. El islamismo, aunque no propone el celibato y también concibe el sexo como un don divino, mata a la adúltera. Otras líneas de hostilidad hacia las prácticas sexuales las tenemos en el cristianismo y en el judaísmo, sobre todo en el cristianismo:

(A): De la ilicitud de la relación sexual antes del matrimonio

Sabemos que el sexo no es malo en sí mismo. Luego la prohibición del sexo a no ser que se esté casado sólo puede tener por objeto la creación, el desarrollo y la conservación de la familia.

Por ello fue necesario declarar ilícito el sexo fuera del matrimonio. La familia debería fortalecerse como un pequeño Estado que manejaba el padre según la ley divina. La familia por tanto ayudaba en el plan divino: contribuía a ejecutar la ley de Dios y preparaba a las nuevas generaciones para que en el futuro repitieran la acción de sus padres. Además del aspecto moral y cultural la familia aseguraba el sostenimiento de la especie ya que padre y madre cuidarían de su descendencia hasta que esta pudiera valerse por sí misma y fundar una nueva familia.

Está bien. Aceptemos que por eso había que ilegalizar el sexo sin matrimonio. Fue una medida para cuidar la institución familiar. Sobre todo para crear el concepto de familia. Pero ¿en la actualidad a la familia le es imprescindible el matrimonio? Era necesario crear, fortalecer, mantener la familia y eso se logró. ¿Dónde queda el matrimonio? Siendo una tradición, no una necesidad. La familia y la especie humana se mantienen sin matrimonio. Es más muchos niños aprenden los verdaderos valores en la escuela pues en la familia no es precisamente eso lo que se enseña o importa. Los valores, conocimientos, etc., logrados por la sociedad también se conservan sin la obligación del matrimonio. Iguales garantías sociales tienen los casados como los no casados y la posible descendencia de ambos grupos.

El matrimonio es en consecuencia opcional –no decimos que no haya que casarse: es lícito casarse y practicar el sexo luego de casado y lo es también el sexo sin matrimonio. La relación sexual es lícita siempre que no transgreda la ley del amor al prójimo. O sea siempre no implique perjuicio para nadie. Y si, como lo indican los hechos, el sexo sin matrimonio excluye una necesidad de daño al prójimo no se entiende por qué Juan Pablo II lo haya sentenciado lesivo "al plan divino concerniente al amor humano" –The New York Times, 6 de setiembre de 1983. Lo que sí pudiera ser muy lesivo para una relación es que después de casados se dieran cuenta de que la satisfacción sexual u otra no existe. En ese sentido, y atendiendo a todo lo dicho anteriormente, estamos totalmente de acuerdo con las prácticas sexuales antes del matrimonio. Es justo conocer bien con lo que uno, en principio, pretende unirse para el resto de su vida.

Nada que respete la paz, el buen funcionamiento de la sociedad y el espacio del prójimo es divergente del proyecto de Dios relativo al amor humano. Claro, podría transgredir una ley moral o algún interés, pero entonces hubiera que revisar dicha legislación o interés y no el acto mismo. Asombra ver como todavía corriendo el siglo XXI se aceptan por verdades científicas, reconocidas y probadas lo que no pasa de ser simple opinión de algún hombre, o mujer.

(B): Del adulterio y la indisolubilidad del matrimonio

El mandamiento sexto del decálogo prohíbe el adulterio. Esta prohibición tenía un doble objetivo: cuidar de la institución familiar que ya venía siendo –como la ilicitud de las relaciones sexuales antes del matrimonio- y garantizar la seguridad del casado. En aquel tiempo las relaciones extramatrimoniales atentaban contra la estabilidad y perduración de la familia por cuanto causaban un problema interno en ella y contra la paz de la familia por cuanto podían provocar un problema entre dos o más personas. Al declararse ilegal el adulterio quedaba asegurado el que cumpliese o respetara la ley y, claro, pasaba a delincuente el que cometiera la transgresión.

En la actualidad el catolicismo, el judaísmo y el islamismo continúan observando la prohibición de la relación extramatrimonial –en el islamismo en nuestros días se ha dado el caso extremo de condenar a muerte el denominado "adulterio".

¿Hoy sigue siendo necesario para la perduración de la familia y garantizar la seguridad del prójimo el castigo a la relación extramatrimonial por ley religiosa o código penal?

La "traición" en el matrimonio es un problema de la pareja. En el caso de que la pareja o algún elemento de ella pierda demasiado los estribos entonces sí se les activaría el código penal y todo lo que se quiera. Ninguna parte tiene el derecho de castigar a la otra en caso de ser "traicionada".

Mirándolo así suena a locura que una ley moral de origen religioso exacerbe los derechos de propiedad sobre una persona. De ese tipo de ley y no de otra referencia han salido las "venganzas necesarias" que estamos hastiados de vivir. Muchas veces la parte "traicionada" tiene la voluntad de perdonar o restarle importancia al asunto, o de mirarlo desde una personal e íntima perspectiva que difiere de la tradición y de la opinión general, sin embargo, la atmósfera que ha creado la ley que dice que el adulterio es inadmisible le obliga a "reaccionar con una medida fuerte", que puede ser desde la violencia verbal hasta el asesinato.

Hacia las personas que se rigen por Cristo indicamos que una ley de castigo al adulterio va en rigor contra su reforma religiosa. Cristo expuso el perdón como mandamiento fundamental, específicamente se recuerda el ya tópico, sin embargo descartado ejemplo bíblico **Jesús no acusa a la adultera** (San Juan 8.1-9). Utilizando para los cristianos el paradigma del propio Cristo, el "traicionado" que siempre haya mantenido una actitud "fiel" jamás materializara nada contra su conyugue si pensase en la posibilidad de que él también hubiera podido ser "infiel". O si recordara que alguna vez ya lo fue.

Por suerte la mentalidad sexual de nuestro tiempo se amplía independientemente de las legislaciones anacrónicas y el término "adulterio" va sonando anticuado, machista, pues aunque en el decálogo se prohíbe el adulterio en general, por ello también para los hombres, es conocido que el sexo femenino es quien más ha sufrido la prohibición.

Nos enfrentamos a un doble problema que tiene su origen en la obligatoriedad de matrimonio para la relación sexual. Que no puede existir sexo fuera del matrimonio y que tampoco podemos divorciarnos una vez casados, hasta la muerte.

Pero necesitamos más opciones. Creemos que lo más justo es que si se acabaron los motivos para continuar el matrimonio, lo mejor es cancelarlo. El engaño no debe ser ni se debe motivar.

Piénsese ahora las dificultades que provocaría la doctrina de la indisolubilidad del consorcio en una pareja que decidiera romper el matrimonio. Es obvio que en definitiva la mayoría de las parejas apelan al sentido común y deciden lo que creen mejor para ellos y, si fuese aplicable, para su hijo o hijos. Pero se trata de que entre la legislación moral y las acciones de los hombres no exista improporción. Que la legislación moral sea un beneficio para el ser humano y en verdad contribuya a mejorarnos porque ese es su espíritu en armonía con la ley de la vida, no que sea un anticuado conjunto de acusaciones y reproches, falso y contradictorio consigo mismo, a menudo injustificado en nuestro tiempo.

Concluyendo, en relación al adulterio sólo nos queda mirarlo, si queremos ser justos, desde la mira de que es un asunto estrictamente íntimo de la pareja. Para evitar que ocurra *por necesidad* debemos dejar habilitado el poder de anular la relación. No va contra la ley del amor al prójimo que una pareja casada decida romper el matrimonio en bien de no engañarse, o hacerse otro tipo de daño. Tampoco va contra el sostenimiento de la especie ni contra la guarda y desarrollo de la civilización y la cultura que un miembro del consorcio –o los dos- decida la ruptura del matrimonio. En la actualidad el mecanismo social tiende a que cualquier hombre o mujer que se lo proponga pueda hacerse cargo de un niño.

Pero además, ruptura de un matrimonio no tiene que significar ruptura de la institución familiar. Un hombre o una mujer divorciados pueden fundar uno nuevo. Añadimos que nuestra sociedad ya no es tan joven y que cuenta con recursos independientes de la familia para conservarse y seguir su desarrollo.

La mentalidad de nuestro tiempo es mucho más rica que la de los tiempos de Moisés y ha andado sola bastante tiempo sacando sus propios conceptos para que pueda aceptar que una relación sexual que no cause daño a nadie sea mala. Es de mucho cuidado que las legislaciones morales no obscurezcan o compliquen torpemente **lo bueno** y obliguen a los hombres a ignorar una ley que no les satisface por su irrealidad y a hacerse una ellos mismos, tal vez sin considerar lo verdaderamente justo.

(C): Del onanismo –en que se pasa por el aborto

Del onanismo en el sentido de masturbación –que es el que prefiere condenar la **Declaración sobre determinados aspectos relativos a la ética sexual**, dada a conocer en la **Segunda Congregación de la fe** (1976) y aprobada por el Papa Juan Pablo II-, del onanismo he leído es una "grave conculcación moral".

Veamos: "conculcación", según la Academia Española de la Lengua, acción y efecto de conculcar. "Conculcar", segunda acepción, es quebrantar una ley, obligación o principio.

Tomemos la menos hostil de las alternativas. Asumamos un quebrantamiento de la ley de Dios. ¿Qué quebranta la masturbación? Sin embargo vamos muy rápido. Volvamos atrás y revisemos la etimología de la palabra "onanismo".

El término viene de Onán, segundo hijo de Judá y casado con Tara, viuda de su hermano. Fue, según el Antiguo Testamento, condenado a muerte por Dios porque "derramaba en tierra el semen para que no nacieran hijos con el nombre de su hermano" –Génesis 38.9.

En todo caso, con mira estrictamente literal, del suceso de Onán podría sacarse una norma que prohíba eyacular fuera de la mujer cuando se practique el sexo por cuanto impediría la fecundación y seguidamente el futuro nacimiento de seres humanos, legislación impropia debido a que de un suceso particularísimo se pretendería hacer una ley general, para todos los tiempos, que no toma en cuenta los inconvenientes que trajera: ¿es acertado no controlar la natalidad en nuestro tiempo u obviar ciertas condiciones en cualquier tiempo respecto a traer seres humanos al mundo? De esta lógica que llamaré onanista, con perdón de Onán, podría salir también que es pecado interrumpir un embarazo. Sin embargo interrumpir el desarrollo de un futuro ser humano no es matar sin más ni más, si entendemos por esa palabra no únicamente la estructura física que ya existe en el intervalo en que es posible una interrupción o aborto (cuando no hay vida cerebral ni el corazón late), sino además el ser que ha nacido, se relaciona con el mundo y va adquiriendo conciencia de sí y del mundo en que vive. Es desde esta perspectiva que deberíamos pensar en el problema del aborto.

Todo acto sexual debería hacerse con la responsabilidad de si se desea un hijo o no. Si no se desea, la pareja debe tomar las precauciones más seguras (de paso, eyacular fuera de la mujer es bastante inseguro, pues no sólo vienen de la parte masculina espermatozoides en el momento de la eyaculación).

Esa debe ser la idea: ponderar el posible embarazo, evitarlo si no se desea. Ahora si no se desea, si es el caso que se comienza a desarrollar un futuro niño no deseado por cualquier motivo, no podemos prohibir la interrupción, mientras no haya vida en el cerebro ni en el corazón, Y si la circunstancia no es apropiada es preferible no traer una persona al mundo. ¿Se responsabilizaría la entidad que esté a favor de lo pecaminoso del aborto de cuidar de la formación de los niños que sus padres no desearan? Caso que tal institución pudiese ocuparse de ellos, ¿fuese un bien para la sociedad que no se controle la natalidad una vez sea imposible prevenirla? Si no consiguiera otro problema, entonces proclame tal institución que el aborto no es necesario, que ella se va a ocupar de lo que no quisieran o pudieran algunos padres. Si no, ayudemos como mejor podamos a los hombres y resolvamos de una vez todo asunto que pueda llevarles más dificultades.

Volviendo al tema de la masturbación, no se ha seguido una lógica rigurosa al sacar del suceso de Onán una razón para condenar el masturbarse, sino que se ha utilizado con Onán un método parecido al relacionar las ciudades Sodoma y Gomorra con la homosexualidad –tema que se tratará en la sección siguiente. Pero en estricta lógica la masturbación no quebranta nada. La masturbación nunca ha sido condenada por Dios y sí únicamente por pensamientos equivocados y extremistas.

Tomemos el hecho de la masturbación en sí mismo: ¿es malo? ¿Priva al hombre de algún bien? Sólo si es excesiva o cuando el cuerpo necesita reposo sexual por alguna indicación médica o si media alguna violencia. En sí misma la masturbación es un placer (es decir un bien, porque sabemos el placer saludable, medido nunca es un mal) y un medio de compensación sicológica cuando por una razón u otra no se puede establecer una deseada relación sexual, pues es evidente que aunque los placeres sexuales en el sueño también consiguen alguna satisfacción y equilibrio síquico, la masturbación en la vigilia proporciona un goce y satisfacción mayor de ningún modo malignos.

(D): De la homosexualidad

Antes de mi relación con Dios uno de las razones que me hacían rehusar de las doctrinas religiosas que partían de la Biblia era la condena de la homosexualidad. Me parecía injusto que una persona fuese despreciada y hasta condenada ¡eternamente!: ningún hombre es castigable por la eternidad: no es proporcional con su tiempo de vida en cuanto hombre– por preferir relacionarse sexualmente con personas de su mismo género. Quise saber de dónde sacaban quienes seguían la Biblia la idea de que la homosexualidad merecía el castigo de Dios. La respuesta me dejó sin habla. Dios había destruido a Sodoma y Gomorra por practicarse en dichas ciudades la homosexualidad. Lo decía la Biblia.

¿Lo decía la Biblia? Fui a ella y encontré que Dios partía hacia a Sodoma y Gomorra para ver si realmente la maldad de esas ciudades era como había oído –lenguaje bíblico este, lógico por el nivel de conocimiento de los hombres de entonces: Dios ni va a ninguna parte ni tiene que aguzar oídos para escuchar información: Dios, en todas partes al menos en nuestro planeta, vive lo que alcanza, está en todo cuanto existe, viviéndolo. Cómo conozca, no lo sé. Pero Dios conoce. Dios sabe. Establezca un código de comunicación con Él y verá.

Continué leyendo y di con que Sodoma –no obstante Abraham haber intervenido por ella- fue destruida una vez que Dios comprobó mediante los seres que envió que era cierto el clamor que había recibido contra Sodoma y Gomorra. Gomorra asimismo fue destruida. Pero no se entiende (porque no se explica en la Biblia) por qué también fueron destruidas Adama y Seboim, dos más de las cinco ciudades que constituían la antigua pentápolis de Palestina, de la cual sólo se salvó Segor o Soar, a causa, siempre según el Antiguo Testamento, de que se le permitió a Lot refugiarse en ella. Soar la santa. En esta ciudad no teníamos ni un solo homosexual, ni una sola lesbiana.

Concluir de la obscuridad anterior que Sodoma y Gomorra fueron destruidas por el pecado de homosexualidad no se ve muy lícito lógicamente. En primer término considerando que no fueron dos ciudades las destruidas. Fueron cuatro. Podría decirse entonces –para aquellos tiempos de lenguaje violento y directa presencia legislativa y ejecutiva de Dios- que Él condenó la Pentápolis, excepto Soar (que seguro era santa), por una maldad general y al parecer el hecho de la hostilidad hacia los visitantes de Sodoma determinó que ejecutara la destrucción. "Jehová de los ejércitos" habría decidido bombardear personalmente. O, excluyendo a Dios, que lo ocurrido fue simplemente un cataclismo geológico en una zona sísmica de recursos combustibles considerables, cataclismo que relacionaron los hombres de entonces con la maldad de la gente de aquellos lugares y la ley de Dios.

Lo que sí podemos afirmar con toda seguridad es que plantear que Dios destruyó Sodoma y Gomorra por practicarse en ellas la homosexualidad no es sacado de fuente clara y por tanto no puede tener dicho planteamiento, menos lo que siga de él, la claridad y justeza de lo verdadero.

Es más: aun cuando Dios haya declarado "ínfame" (Levítico 18.22) la homosexualidad por considerarlo necesario en un momento histórico para la construcción de un tipo moral humano, o por alguna otra razón, aun así el propio Dios hubiera variado ese ideal con el mensaje de Cristo.

Cristo, al predicar "el ama a tu prójimo como a ti mismo" transformaba ese hipotético ideal e introducía explícitamente uno nuevo: el del amor entre los hombres, es decir el de la flexibilidad, la comprensión. Si lo aplicamos a este problema de la homosexualidad, resulta que quien se sienta muy bien consigo mismo por preferir al sexo opuesto, también deberá tolerar a quien le plazca sentir atracción por seres de su mismo género. Y viceversa: ningún homosexual tiene el derecho de no amar como a sí propio a quien sea heterosexual –vista la homosexualidad con el lente que propuso Cristo son incomprensibles las palabras de Juan Pablo II cuando dice que, junto al sexo antes del matrimonio, la homosexualidad va contra el plan divino del amor humano (The New York Times, 6 de septiembre de 1983).

En fin el sexo es cuestión de simpatía. Únicamente nos es bueno el sexo cuando implica algún daño, síquico o físico. Si a todas las partes les place y satisface, si el acto es por decisión absolutamente consciente de las partes no hay mal alguno. Sea heterosexual la relación, sea homosexual o entre diferentes edades, legalmente aceptadas. Que la afirmación de que la homosexualidad es contra la naturaleza pase de desinformación a disparate. Somos de un modo sexual u otro, preferimos al hombre o a la mujer, o a los dos. Por constitución biológica o por mero gusto adquirido. En cualquier caso no hay mal, siempre no haya ningún tipo de daño síquico, físico o legal. Cuando usted no actúa bien es legítimo que una ley moral le roa el alma e incluso le lleve ante un tribunal de justicia en respuesta a su culpabilidad. Pero si una ley moral intenta acusarle por una acción que en rigor no implica en sí misma ninguna malignidad está usted en todo el derecho de asumirla falsa y de inmediato despreciarla, en bien de la sana tranquilidad y verdadera paz de su espíritu.

(E): De la castidad religiosa

A un sacerdote de la Catedral de La Habana

El problema de la castidad religiosa tiene su causa fundamental en la idea de que mientras menos sexo se tenga se es más puro, y como también se ha relacionado la idea de Dios con algo puro, santo, altísimo y sagrado, sin sexo, mientras menos sexo se tenga pues, más cerca estaremos de Dios. Pero es una conclusión falsa, porque por tener menos sexo no estamos más cerca o más lejos de Dios, mientras el sexo no implique daño físico o mental para sí mismo o para otra persona. El propio Dios nos da la respuesta definitiva: No es bueno que el hombre esté solo; le hare ayuda idónea para él (Gn.2:18).

Esta ayuda idónea no fue la soledad o la almohada, ni un amigo o un animal, ni siquiera Dios mismo, sino la mujer. Precisamente porque cuando una mujer y un hombre se unen en el amor esa relación físico-espritual les lleva a un nivel de relación que la vida se les hace mejor vivirla.

El propio Pablo dijo: Me gustaría que todos pudieran vivir sin casarse, como yo, pero cada uno tiene su propio don de Dios. Todos somos diferentes. (1 Corintios 7). (La consecuencia más grave de este error de interpretación es la epidemia de homosexualidad y crímenes sexuales que sufre la Iglesia Católica: si usted crea una compañía en que la exigencia sea no necesitar o renunciar a la mujer, de 100 aplicantes, el mayor por ciento será homosexual, si además prohíbe las relaciones sexuales, sus problemas se duplicarán.)

El requisito del celibato quedo establecido en el Concilio de Letrán para evitar la .degradación moral del clero. Pero en realidad la única consecuencia realmente favorable para la Iglesia de esa medida ha sido que de la dedicación absoluta de hombres y mujeres, todo el fruto ha sido exclusivamente para la Iglesia. Porque aparte del éxito económico, institucional consecuencia de que los sacerdotes no tengan familia y estén listos cien por cien para las necesidades de la Iglesia, aparte de ese éxito las consecuencias para los seres humanos han sido perjudiciales y en consecuencia catastróficas para la propia organización. Hablamos de los niños abortados y enterrados, de los abusos sexuales, de la homosexualidad encubierta, de los escándalos que vemos a menudo en las noticias.

Si lo miramos desde la perspectiva de que son seres humanos quienes practican la castidad religiosa, tendríamos que decir el hombre complementa a la mujer y la mujer al hombre. Que una mujer que sienta la natural necesidad del hombre, o un hombre de una mujer, nunca será totalmente feliz si se le impide dicha unión, aun cuando la idea de vivir no para su felicidad sino para del ser humano le compense en alguna medida. Nunca será mejor, y mejor implica aquí ser más útil para los hombres, una persona célibe e infeliz por su imposibilidad de sexo que una que tenga complacido su natural sexualidad. Pensar que mientras menos sexo se es más puro es un error de interpretación lógico en la mentalidad de cualquier tiempo menos en el nuestro.

Si lo miramos desde un punto de vista puramente económico, si de alguna manera la dedicación absoluta y renuncia a la mujer, a la familia contribuyeron al fortalecimiento de la Iglesia, hoy Día la Iglesia es rica y está suficientemente establecida como para poder hacer un cambio respecto a la manera de ver el sexo, sobre todo porque su imagen se deteriora cada día más. Si miramos a la parte que son hombres y mujeres quienes resultan infelices por una prohibición contra la naturaleza humana, injusta e innecesaria en la actualidad –más lesiva a la propia institución religiosa que la practique mientras más aumente la demanda sexual de sus miembros-, el voto de castidad no debería ser obligatorio, sino opcional, igual que un hombre de vida regular elige el estado célibe si así lo desea. Una reforma sexual en las organizaciones que practiquen la castidad como obligación sólo puede realizarse a pedido de sus integrantes afectados y sabiduría, sentido común y justicia, amor de sus máximas jerarquías.

Francisco, actual papa, ha expresado que la castidad no es un dogma de fe: "El celibato no es un dogma de fe, es una regla de vida que yo aprecio mucho y creo que es un don para la Iglesia. No siendo un dogma de fe, siempre tenemos la puerta abierta para cambiarlo" *(El espectador, Lunes 29 de Julio, 2019)*

> Cuando se alcanza el verdadero conocimiento, entonces la voluntad se hace sincera; cuando la voluntad es sincera, entonces se corrige el corazón (...); cuando se corrige el corazón, entonces se cultiva la vida personal; cuando se cultiva la vida personal, entonces se regula la vida familiar; cuando se regula la vida familiar, entonces la vida nacional tiene orden; y cuando la vida nacional tiene orden hay paz en este mundo. Desde el emperador hasta los hombres comunes, todos deben considerar el cultivo de la vida personal como la raíz o fundamento.
>
> **Confucio**

(VII) Del Amor

Iniciamos el Tercer Milenio de nuestra era con el concepto de *Bien* en crisis. Lo moralidad de la sociedad humana se fundamentó en un principio en hacer el bien a partir de una relación con un creador del orden (Dios) por el vínculo de la fe. Recordemos que es con la religión cuando por primera vez en la sociedad humana queda explícito un orden moral y con ello patrones de conducta a seguir, cuando se define por primera vez lo malo como todo lo que, por contradecir el orden establecido por la divinidad, es dañino a la sociedad humana y en consecuencia al hombre. No podemos robarle la comida al vecino o matarlo como lo hace un animal sin la menor noción de que la comida que encontró en su camino era de otro animal o que el animal que se va a comer tiene una familia y no es solo eso, comida. Nuestro sistema vital exige para que sea posible que no matemos, que no robemos, que hagamos siempre lo que no daña a nadie y es bueno para todos. Ese orden fue dado a conocer como mandato a los hombres por orden de Dios. Es una ley, una necesidad. Necesitamos vivir en consecuencia a ese orden o es imposible nuestra sociedad.

Ocurre que mientras más pasa el tiempo más lejos estamos de la era de Hammurabi, Moisés y de la de Cristo, tiempo en que, según recoge la historia, fueron las primeras intervenciones de Dios con fines morales; ocurre pues que el hombre está cada vez más lejos de Dios, esto es, del fundamento de la moral o el sentido de nuestras vidas, que es Dios mismo.

El hombre del siglo XXI —ya lo era el del XX— es fáctico, dado a los hechos. Eso significa que le costará más que a hombres de siglos anteriores, mientras más lejano sea en relación al tiempo actual, aceptar lo que no pueda ver o saber a ciencia cierta. Para los seres humanos de hoy Dios cada vez más es mitología. Y si esto viene ocurriendo con Dios ¿qué quedará para el bien y el mal?, conceptos con los cuales Dios le dio sentido a la vida humana: matar y robar es malo; no dañar al prójimo ni dañarse a sí mismo es bueno. Es imposible una sociedad humana sin reglas y sin una institución práctica que las haga respetar y cumplir. Por eso la policía, el ejército, el poder Legislativo y Judicial del Estado, además del Ejecutivo.

Lo que está pasando es que para el hombre actual el criterio de moralidad ya no es comportarse según el bien o el mal en cuanto sentido de la vida concebido por un ser vivo e inteligente. El hombre se ha olvidado de Dios porque hace muchísimo tiempo no sabe nada de Él, se ha olvidado del bien y del mal que Él propuso y ha comenzado a observar el imperativo práctico que tiene ante sí: el código penal. Ya no actúa pues en observancia de lo bueno o de lo malo, sino de que el código penal no lo alcance, o de que, si lo alcanza, la pena sea lo más leve posible. De lo bueno o lo malo ha pasado a lo útil. Matar o robar han perdido el valor que tenían originalmente. Lo que realmente es tenido en cuenta por el ladrón o el asesino es que no lo descubran y lo atrapen. Si logra escapar de la policía y de la justicia el resultado fue útil. ¿Qué importa entonces el bien, el mal? La utilidad ha ocupado el lugar de la verdad y lo útil pasa por lo verdadero en lugar de lo bueno. Y hemos hablado del hombre en general. Pero lo más peligroso de este asunto es que tanto los presidentes como las personas con poder económico para decisiones importantes relativas a un país e incluso de importancia mundial actúan según el mismo criterio: lo útil.

Con esos datos iniciamos el Tercer Milenio de nuestra era. Si cuando vemos un programa noticioso nos asombra lo mal que están las cosas ese panorama se debe precisamente a que no comprendemos que la utilidad no es el criterio de acción de la vida humana sino el bien, lo correcto, lo verdadero, lo que es bueno para todos. El hombre debe entender que el sentido de la vida es el amor, que la ley que rige orienta y puede mantener el orden es el amor. De lo contrario la sociedad humana es ingobernable e infeliz. Según la física, nuestro universo está fundamentado en un orden. De alterarse el mismo nuestro mundo se desmoronaría. Tienen que conservarse en cuanto tales la fuerza electromagnética y las fuerzas nuclear débil y nuclear fuerte, además de la gravedad.

Pero hay otro elemento en este mundo y que como ley viva afecta directamente la vida humana y le da sentido, esa otra fuerza o ley vital –de vida–: es el amor, Dios mismo. Aunque concebida para la vida humana, tiene implicaciones decisivas para la armonía del funcionamiento de todo nuestro universo debido a la acción que establece el hombre con su mundo. Simbólicamente podemos expresarla: $A=D+H$. En donde A es amor, D es Dios y H equivale al hombre. Tratémoslo con un ejemplo: Si extrajéramos de nuestro planeta con una jeringuilla la gravedad todo quedaría flotando. ¿Cierto verdad? Pues si extraemos a Dios de la sociedad, quien es el orden social mismo, la vida humana organizada y feliz o por lo menos con la aspiración de serlo es imposible. Tendríamos que renunciar a nuestra condición de hombres y abrazar el sistema animal.

En el conocimiento de las leyes de la naturaleza estriban los resultados favorables o perjudiciales para el ser humano. Una vez Einstein formula su ecuación para la energía atómica podemos crear una planta energética o una bomba nuclear. En cuanto al amor ($A=DH$) la única vía que tenemos para que no se produzcan reacciones desfavorables o perjudiciales para el ser humano y su mundo es la armonía entre los elementos de la fórmula, es decir que el hombre se relacione con Dios y por esta relación el hombre actúe el bien por conocimiento y convicción, quedando por resultado el amor, la felicidad social.

En la práctica los problemas comienzan a partir de que se nos ha perdido de la ecuación el elemento Dios y tenemos que hallarlo o recuperarlo. El Dios de los primeros tiempos, aquel que nos presentaron Abraham y Moisés, el mismo que precisó Cristo un poco más, nos es tan lejano para los hombres de ahora y de representación mental tan vaga e imprecisa que se nos pierde. Ya en el Tercer Milenio, milenio al que entra la raza humana un tanto más informada, urge se corra el velo. No más metáfora, simbolismo o parábola. No una nueva religión. El Dios creído por fe ya no nos sirve. Tenemos que comprender que Dios se manifestó a los hombres de tiempos pasados de la manera que lo pudieran entender. Hoy necesitamos una relación con Dios a partir de los hechos. Sólo entonces el bien se recuperará de la actual crisis y emergerá de ella con el impacto que causa la verdad, con la fuerza de la verdad nueva o des-cubierta. Tenemos la doctrina del amor, tenemos al hombre y se nos ha perdido el fundamento y organizador de la vida humana: Dios. El único modo para que el amor deje de estar en reacción desfavorable para la sociedad humana y el mundo en que vive el hombre es una relación con Dios de nuevo tipo, fundamento de que recuperemos las nociones de bien y de mal y abandonemos el criterio de utilidad.

Este libro quiere dar a los hombres el medio para reunificarse con Dios. Traemos un código para comenzar una relación directa con Él. Pretendemos que de la experimentación, de la vivencia del ser Dios se establezca la certeza de que Dios existe y que de esa certeza se vuelva la mirada al amor, ley de nuestra vida, ley vital. Tal certeza debería incentivar la búsqueda de Dios, a demostrarlo científicamente. Dios es un hecho. Nos podemos relacionar con Él, experimentar que vive, pero aún no lo vemos, no sabemos qué es. Científicos, ya tenéis a Dios en cuanto hecho, ya podéis saber, por vivencia propia, que existe. Ahora demostradlo. Buscadlo hacia lo pequeño, hacia lo inmenso. Buscad el medio óptico apropiado. Des-cubrid a Dios.

Por lo pronto la doctrina del amor al prójimo sigue esencialmente invariable. Ame a su prójimo como acostumbra a amarse a sí mismo. No le robe, no le mate ni hiera física o mentalmente, ni haga contra nadie lo que no le gustaría hicieran contra usted. Si quiere, invierta la fórmula: ámese usted como acostumbra a amar a los demás. Si en verdad trata con amor a su prójimo verá cuánto bien le resulta. Si en verdad trata sin amor a sus semejantes percibirá en carne propia todo lo negativo que es capaz usted de hacerles padecer. Entonces comprendería la necesidad del amor entre los seres humanos e hiciese lo imposible por ponerlo en práctica. Hasta que todas las acciones de cada uno de los hombres no tengan por principio el ideal del amor al prójimo, el ideal del bien en la tierra será irrealizable y los fines terribles estarán asechando. Todas las miserias humanas serán posibles y todas las guerras mientras no se corrija el corazón humano, mientras el jefe ordene disparar aún contra su voluntad y el soldado no caiga en la cuenta de que aun cuando le ordenen disparar, sólo en él está en la decisión de matar o no hacerlo. Se habla de nivel escolar, de nivel cultural, pero para que el mundo cambie de una buena vez de lo que nos debemos preocupar es de nuestro nivel espiritual. Ese nivel lo debemos llevar al grado más alto, al grado del amor. Las miserias humanas son imposibles si nuestro criterio de acción es el amor.

Queda pues esencialmente invariable la doctrina del amor, sólo que a estas alturas no nos podemos conformar con los mandamientos de amor a Dios y al prójimo desde la perspectiva de la fe. No nos podemos quedar con esa fórmula para nuestro tiempo porque ha devenido inoperante en la práctica. Debemos volver al principio de nuestra moralidad, a Dios, y para eso tenemos que relacionarnos con Él de un modo que nos convenza de que el amor y el bien existen porque quien los insertó en nuestro mundo a manera de sentido de nuestras vidas existe también. Ese modo es el hecho. Ya no la fe. El bien y el mal de nuestra moralidad que más o menos avizoramos en lontananza, nos viene de un antiguo origen del que nos dan noticias las religiones, que con las variaciones que se quieran, siempre tuvieron por principio la fe. Si queremos recuperar precisión tendremos que volver a la matriz, tendremos que concentrar nuestra atención en la causa de la moralidad. Para esa nueva forma de mirar necesitamos un método distinto: los hechos, la vivencia. En el tercer milenio de nuestra era se impone la relación con Dios ya no por fe, sino por hecho, y a partir de ello la convicción de que el bien y la posibilidad del triunfo del amor son reales. Se impone además el establecimiento de una nueva perspectiva en cuanto al sentido de la vida humana con relación a la muerte, asunto que trataremos en el próximo capítulo.

Sólo cuando recuperemos a Dios tendrá sentido la idea del amor al prójimo, sólo entonces estaremos listos para entender que Él es más que un ser superior a nosotros biológicamente; es el sentido de la vida, y el sentido de la vida es el bien. Vivimos nuestras vidas en Dios y Dios mismo es la ley de la vida humana. Las vidas humanas tienen un rango de posibilidades en dos direcciones: lo bueno y lo malo. Es asunto del hombre la elección. En ello estriba su libertad. Si la sociedad no respeta la ley de la vida humana es sencillamente ingobernable. Y cuando una sociedad no está orientada según lo bueno, el hombre no puede actuar bien. El mal lleva al mal, a la privación de bienes. El bien lleva al bien a la obtención de perfecciones. Se dice que el dios de este mundo es el diablo pero eso es una metáfora de algo más profundo. Todo el mal que tenemos en este mundo se debe a que el hombre no decide correctamente porque no conoce que el orden del mundo según el bien no es una doctrina posible, una utopía a creer o no, es una ley social, sin la que no puede haber felicidad. Dios es real. Vivimos en un orden creado por ese ser biológicamente superior a nosotros y que es El mismo.

El infierno social y en consecuencia el individual es de este mundo, pero podemos ir ganando en vida el paraíso, hablando en lenguaje bíblico. Depende de nosotros vivir entre ángeles o entre demonios. Nos acercamos al paraíso si decidimos según el bien, el amor, no por temor, interés, o según lo útil. Cuando actuamos con amor, cuando hacemos lo correcto, coincidimos con el sentido de la vida, coincidimos con Dios, somos Dios mismo siendo todavía seres humanos. Quien elige el mal contradice la ley del amor de modo parecido a quien se lanza al vacío y no quiere caer. "Cualquier cosa que el hombre esté sembrando, esto también segará." (Gál. 6:7). Quien siembra vientos recogerá tempestades, se dice desde tiempos bíblicos (Oseas 8:7). Y así es porque es una Ley Vital y Social.

En la relación amistosa con Dios que propone **Dios de hecho**, la acción que no piensa en la armonía de la sociedad humana y en la conservación de la existencia es inconcebible. Ocurre que nuestra consciencia ya no somos nosotros solos, sino que actuar contra lo que sabemos es el bien se convierte en actuar directamente contra la amistad que hemos establecido con Dios, pero además sólo un loco actuaría contra una ley física y vital. Ya Dios no nos es más un ser imperceptible, creído por fe, supuesto responsable tal vez del sentido de la vida: en la relación de hecho con Dios mediando una comunicación cada acto nuestro cuenta con la experiencia y la vivencia del ser Dios. Cuidando de ser fieles a esa amistad ninguna acción podrá ser mala. Cuidando de nuestro amor con Dios basado en una amistad que establecemos con Él por conocimiento percibiremos el mal como lesivo no sólo a dicha amistad sino al sí propio que se va alcanzando gracias a esa amistad, al sí mismo que nos hemos propuesto ser. Es difícil actuar mal cuando se está siempre en relación de hecho con Dios. Uno llega al convencimiento de la superioridad del ideal del amor respecto al egoísmo y descarta la utilidad y se da cuenta de que tener lo útil por lo verdadero, lo útil por lo bueno es desafinar en la sinfonía del amor, estar perdidos en el ritmo y tempo del sentido de la vida. Dios iría por un lado y nosotros por otro. La vida va interpretando una música y es urgente incorporarse al ritmo. No importa si en alguna ocasión nos parece difícil o si lo perdemos una y otra vez. Pero cuando al fin nos integremos a la banda y sonemos casi armónicamente, es preciso ya nunca más perder esa armonía, ese ritmo vital. Manos a la obra, pues, concentrémonos y que la armonía de una vez comience a fluir para siempre.

(VIII) De la muerte

¿Qué es la muerte? Experimentalmente no lo sé. Experimentalmente no lo sabe nadie. Sólo Dios y Él insiste en que la muerte no es tal, sino transformación. Esa es la gran enseñanza de Jesús, quien siempre trato de enseñar las cosas al nivel de las personas de su época. La vida sigue. Yo lo considero posible y en cuanto tal escribiré el resultado de mi experiencia con Dios en relación a este tema.

La muerte no es tal; es metamorfosis, transformación. La vida humana es un proceso que culmina con la transformación en Dios. Cuando "morimos", en verdad nos convertimos en Él. No existe un lugar llamado Seol en el que permanecemos muertos y como almacenados hasta un día en que volvemos a vivir. No existen tampoco el infierno o el paraíso, esos supuestos lugares de castigo o premio eternos, según como hayamos sido en la vida humana. Si bien esas nociones nos vienen de tiempos lejanos y fueron concebidas para y en esos tiempos, las cuales por supuesto son aproximaciones a la verdad de nuestra época, la verdad es que Judas y Hitler no esperan muertos por un juicio ni sufren el fuego eterno, sino que ahora mismo son Dios, o lo que es igual, están el paraíso en el sentido de un lugar de perfección existencial, así como también se cumple lo mismo para Sor Juana Inés de la Cruz o Santo Tomás de Aquino.

Así le encontramos sentido a todos esos indicios que nos da la Biblia: Cuando Jesús le dice al condenado que estaba a su lado que ese mismo día estaría en el paraíso estaba dejando claro que la vida sigue para todos. (Lucas 23:42). En hechos el Apóstol tenía la esperanza de que iba a haber "resurrección así de justos como de injustos" (Hechos 24.15.). Y en Romanos 6.23 se nos da el dato de que con la muerte se pagan los pecados y se pasa a una nueva forma vital para todos. Dice el texto: "Porque el salario que el pecado paga es muerte, pero el don que Dios da es vida eterna." Este es el gran mensaje de Jesús, que no podía expresar con exactitud porque no era el tiempo adecuado. La misión de Jesús fue esencialmente reafirmar la existencia de un Dios único, reafirmar la ley del amor al prójimo y establecer que la vida humana sigue. Así podemos comprender Revelación cuando dice Juan que el mar entregó los muertos que había en él y la muerte y el Hades entregaron los muertos que había en ellos. Dice además, la muerte y el Hades fueron arrojados al lago de fuego. Esto significa la muerte segunda: el lago de fuego. Rev (20 13-14). Es decir que la muerte nunca fue muerte y que definitivamente no lo será más porque en realidad es transformación.

Todo hombre haga lo que haga termina siendo Dios. Es un proceso biológico necesario. Por lo demás, ningún hombre es condenable eternamente porque no es proporcional con su tiempo de vida. Ni siquiera el peor de los hombres. Así como cuando un hombre y una mujer tienen relaciones sexuales y en la mujer comienza a desarrollarse el futuro niño, ese niño por regla natural debe nacer, así mismo cuando un ser humano "muere" la verdad es que se transforma en Dios. No hay resurrección a lo Thriller de Michael Jackson ni reencarnación ni ninguna otra cosa sino continuación de la vida humana en otro modo vital: Dios.

Y si esto es cierto ¿por qué íbamos a continuar viviendo una existencia problemática? ¿Por qué no transformar la vida humana en Dios y se acabaron los problemas? Pues porque la vida humana tiene sentido en sí misma. Por eso nadie tiene el derecho de matar a nadie. Por eso vivir se mantiene como un estatuto de nuestra sociedad. Si la vida no culmina en la muerte sino en metamorfosis o fusión con Dios, eso no da razones para matar ni quitarse la vida, ni para impedir el nacimiento cuando existan las condiciones necesarias. Para transformarse habría que haber nacido. Para llegar a volar la mariposa tiene que pasar por oruga. Es vigente por ello que quien mata o se mata atenta contra la vida y por tanto se le deben activar en su contra todas las leyes, incluyendo el código penal por supuesto.

Me pregunto si serán capaces los hombres por sí mismos de orden y justicia una vez conociesen y aceptaran que la vida culmina en metamorfosis. Me pregunto si, conociendo esa posibilidad, serán capaces de comprender íntegramente que la vida humana tiene sentido en sí misma, que el sentido de nuestra vida es que el hombre sea bueno por amor y espere sin angustia alguna su transformación. Dios nos deja libres. Lo urgente es entender que el problema no es la muerte o el cambio a otro modo vital (Dios). Es en la vida humana en lo que nos debemos concentrar. Por ahora sepa que Dios existe. Puede probarlo utilizando el código que proponemos en este libro, especialmente en el prólogo.

Todo lo que resta en relación a castigos o premios de ultratumba tiene justificación moral. Ponerle una brida eficiente a la bestia que podemos ser. No es lo mismo darle al hombre nociones de bien y de mal y dejarle la libertad de frenarse ante lo malo, que exponerle esas nociones con el complemento de un freno exterior. El infierno y el juicio final han sido bastante eficaces. Pero llegó el momento de tratar al hombre como a hombre y no como a niño. No hay infierno ni un juicio final en el que se premia a la persona con una vida eterna feliz o con la privación de esta. Todos tendremos acceso a la vida eterna. Cuando "morimos" nos convertimos en Dios. Hayamos sido lo que hayamos sido. En realidad la persona sólo con vivir en este mundo y con la perspectiva de su muerte ya tiene suficiente como para además ser castigada eternamente o privada eternamente de una vida mejor. No es justo.

Y si nos transformamos en Dios es porque de alguna manera somos coincidentes con Él en cuanto a su constitución, es decir Dios es materia o alguna forma material. Dios podría ser un efecto de la evolución de la materia y nosotros, por qué no, una producción de una materia viva e inteligente que domina la materia a un nivel mucho más alto del que nosotros la dominamos. Si nosotros logramos hacer edificios, autos y computadoras con los conocimientos que tenemos ¿por qué no podría lograr otro tipo de creaciones un ser inteligente y vivo con un conocimiento más avanzado y profundo del átomo, de las moléculas, de la materia? Hablo de un conocimiento que le permita en lugar de hacer una computadora, crear una mujer. Si Dios es materia o alguna forma material entonces no resulta inconcebible que cuando nos llega lo que llamamos "muerte" ocurra entre nosotros y Él una fusión. Es más hasta resulta muy normal que siendo seres vivos e inteligentes, producto de algo vivo e inteligente también, en un momento determinado nos fusionemos o pasemos a ser esa materia viva e inteligente de la cual no somos sino una variación. Siendo Dios material nosotros tendríamos en nuestro organismo alguna manera de compatibilidad y conexión con Él. Si ello se cumple esa semejanza podría simplificar el resto de nuestro organismo y como que quedarse únicamente activada al nosotros "morir". Sencillamente seguiríamos pensando, sintiendo, percibiendo, viviendo pero ahora siendo lo que imaginamos es Dios. Cambiaríamos a la calidad Dios, adquiriríamos esa nueva personalidad vital. Así, la vida después de la muerte no aparece inexplicable ni una errátil construcción del raciocinio o del sentimiento. Si no hay muerte, sino transformación, debe de existir un ***ser consciente***, algo invariable y común para todos bajo la multitud de formas de proyectarse el ser humano. Ese ser consciente pudiera ser la percepción de existir. Existe un demente y existe un científico o un artista. Ellos tienen una concepción diferente del mundo. Se comportan, piensan, sienten, asumen las circunstancias de la vida de un modo diferente, pero la percepción de existir es la misma para todos. Eso de estar en el mundo es invariable para todos. Tal invariabilidad se podría mantener constante cuando ocurre lo que llamamos "muerte", sólo que ahora el atributo fundamental de nuestro ser consciente, existir, no tendrá cualidades humanas, sino por decirlo de algún modo, divinas, propias de un ser superior a nosotros en la escala biológica. Cuando ocurre lo que llamamos "muerte" en verdad podríamos cambiar de existirnos hombres a existirnos Dios.

(IX) De la sangre

Existen personas seguras, orgullosas de seguir literalmente la Biblia. El problema es que la Biblia expone un sistema hecho para una etapa pasada en la historia de la relación del hombre con Dios, con un lenguaje exclusivo para la misma. Lo que en la Biblia es útil para todos los tiempos es la noticia de que existe Dios en cuanto ley para la vida humana, así como para la naturaleza hay leyes naturales, que de no respetarse ocurren los males que sufre nuestro mundo y en consecuencia el ser humano. En esta sección se tratará de las prohibiciones que en relación a la sangre ofrece dicho libro.

El primer planteamiento referente a la sangre que aparece en el Antiguo Testamento lo encontramos en el capítulo 9 (3-7) del Génesis, cuando Dios pacta con Noé luego del diluvio. Leemos: "Todos los animales en el aire, en la tierra y en el mar, están bajo su poder. Pueden comer todos los animales y verduras que quieran. Yo se los doy [—este es también el primer planteamiento bíblico sobre alimentación; el último capítulo de este texto se dedica a lo que deberíamos consumir—]. Pero hay una cosa que no deben comer: carne con sangre, porque en la sangre está la vida. Yo pediré cuenta a cada hombre de la sangre de cada uno de ustedes. A cada hombre le pediré cuentas de la vida de su prójimo. Si alguien mata a un hombre otro hombre lo matará a él, pues el hombre ha sido creado parecido a Dios mismo. Pero ustedes ¡tengan muchos hijos y llenen el mundo con ellos!"

Hermoso. Es verdaderamente una legislación preocupada por la vida y el futuro de seres para quienes se desea lo mejor, pero quien pretenda encontrar en la cita otra idea que la preocupación de Dios por sembrar el respeto a la vida humana cae en el error.

La sangre se puede utilizar en beneficio del hombre. La prohibición que hemos visto anteriormente tuvo su sentido. Lo tuvo. Fue una prohibición de índole sanitaria, sicológica y moral. De índole sanitaria porque podría no serle saludable al hombre beber sangre o hacer cualquier uso de ella sin más ni más. De índole sicológica con el fin de que el hombre no sintiese simpatía por la sangre, sino que la respetase y hasta temiera. De índole moral porque nadie tiene el derecho de matar o herir a un ser humano.

El espíritu legislativo de que el hombre respetase y temiese la sangre en aquellos tiempos es más o menos lo que la toma de conciencia respecto a la manipulación de la energía atómica para nosotros. Todos sabemos lo que pasaría si la desintegración del núcleo atómico se utilizara como medio bélico. Con la sangre era parecido. Había que lograr que el hombre la respetase, la temiese para que comenzara a adquirir el sentido de la vida, la intuición de que la vida se cuida y enriquece, no se extermina. Por eso leemos en la Biblia cuando Caín mata a Abel: "¿Que has hecho? La voz de la sangre de tu hermano clama a mi desde la tierra" (Gen.4.10), y como no si Dios mismo es la ley de la vida.

Ninguna otra finalidad tienen las prohibiciones que en relación a la sangre usted puede leer en Génesis —no nos referimos a otros lugares de la Biblia en que aparecen pasajes relativos a la sangre porque consideramos parten del libro citado.

Es, pues, error decir que Dios ve mal el uso científico de la sangre como es error todo lo que se desprenda de la idea inexacta de temor irracional en nuestros tiempos a la sangre y en primerísimo lugar aquello de que en la sangre está la vida: hoy sabemos que podemos ser declarados clínicamente muertos sin embargo con toda nuestra sangre intacta. Lo que Dios ve mal y deberían coincidir los hombres con Él, es el hecho de asesinar a alguien, de matar o herir a alguien para beber su sangre y/o comer su carne. Ese es otro elemento que nos diferencia radicalmente de los animales y ocupa un fundamentalísimo lugar en los cimientos y mantenimiento de la sociedad humana. No nos comemos unos a otros. Ni nos podemos matar entre nosotros por ninguna razón. Ese es el verdadero y original sentido de la prohibición de Dios respecto a la sangre.

Por lo demás una persona que creyese seguir fielmente el Antiguo Testamento podría ir en contra del mandamiento sexto ("no mates") si le negara a alguien la posibilidad de continuar viviendo mediante una transfusión sanguínea puesto que la vida humana tiene sentido en sí misma. ¿Qué la transfusión no es un medio seguro? Es verdad. Pero eso no es razón para argumentar que simboliza una desaprobación de Dios. Continuemos buscando alternativas eficaces sin olvidar que existen urgencias que no pueden esperar por una futura solución y que hay casos en que es inevitable el uso de sangre pues los sustitutos del plasma no son suficientes. Es posible que haya medios superiores a descubrir para resolver una urgencia de sangre. Mientras tanto debemos utilizar lo más eficiente que tengamos para mantener la vida humana cuando sea necesario y con la absoluta seguridad de que no actuamos mal.

Nuestro asunto debe ser el mismo de Dios: actuar según un criterio que respete u observe que la vida humana tiene sentido en sí misma y que por tanto lo razonable y consecuente es conservarla, desarrollarla, no decidir la muerte de nadie porque el momento final sólo es atributo de Dios.

> "¡Mira! La tienda de Dios está con la humanidad. Él residirá con ellos y ellos
> serán su pueblo. Dios mismo estará con ellos. Y les secará toda lágrima de sus
> ojos, y la muerte ya no existirá, ni habrá más tristeza ni llanto ni dolor. Las
> cosas anteriores han desaparecido". Rev. 21.3

(X) Del Apocalipsis

El último libro del Nuevo Testamento comienza diciendo que lo que se le va a manifestar a Juan tendrá que pasar. De manera simbólica se le dio a conocer a Juan el futuro de la sociedad. Y si es cierto que este libro nos ofrece un cambio de sistema en la tierra de un modo bastante violento y catastrófico, apocalipsis no significa destrucción, guerra y caos, sino revelación, del griego apokalypsis.

En el final de la historia sobre todo lo que tendremos es un descubrimiento de lo que es en realidad Dios y su relación con el mundo, nuestra sociedad y la persona. Ese conocimiento de la realidad de Dios será la causa de que nuestro mundo cambie definitivamente. Cuando todos, desde el ciudadano a pie hasta el Presidente de la nación, pasando por los científicos y maestros, todos, conozcan la realidad de Dios. A nivel social, a nivel científico. Entonces no sonará a imaginación ingenua o utopía descabellada aquello de que las enfermedades, el hambre, el sufrimiento y la muerte desparecerán para siempre. (Rev. 21:4) En ese mundo en armonía con Dios el criterio de utilidad desaparecerá y por fin la felicidad social será posible.

Eso pasará porque es el diseño del mundo, el proyecto o programa en el que tenemos la libertad de elegir según millones de posibilidades en dos sentidos, lo bueno o lo malo (no lo útil y por eso nuestros males), pero dentro de ese programa o diseño cuyo fin es culminar en el bien social en armonía con Dios.

Nuestra sociedad está a punto del desastre y eso se debe a que mientras más nos alejamos del criterio de verdad del amor, haciendo lo útil, más entramos en contradicción con la ley de la vida: el amor, Dios.

El traumático cambio social que se nos vaticina en Revelación por medio de símbolos o señales no será sino un efecto del desbalance entre las decisiones de los propios hombres y la ley del amor (A=DH): ver capítulo VII, Del amor. Significa una contracción o estremecimiento de nuestra sociedad, un temblor social que motivará un cambio de raíz en la mentalidad del hombre. El destino de la raza humana es culminar en la armonía. Se logrará de un modo u otro, por necesidad histórica, por sistema.

(XI) Dios de hecho (*Sé, no creo*). Dios como Ley Social. Expresión matemática. Imagen de Dios utlzando Inteligencia Artificial.

Sé –no creo-, sé de Dios a partir de una relación personal que he vivido y vivo con Él. Esa es mi certeza de su existencia. Sé de dios porque lo experimento, porque lo vivo. Tal como no puedo dudar que existo, en la relación de hecho con Dios, además de la certeza de mi existir se me patentiza indudablemente la existencia de Él; y se añade otra certeza, una certeza circunstancial: a la vez que percibimos a Dios en nosotros lo percibimos en nuestro afuera de nosotros. La percepción de Dios en mi vivencia de Él siempre me ha hecho intuir su existencia en mí y en la circunstancia en que vivo, en todo lo que no soy yo. Esta distinción es muy importante para la vivencia de Él en uno. Nunca, ni aún en los grados más avanzados de relación con Dios, se confunden nuestra existencia y la Suya. Él es Él. Yo soy yo. Siempre. Aunque podamos vivir en armonía la misma vida, nuestra vida humana. Supuesto que la vida sigue, que no existe la muerte y que lo que conocemos por tal no es sino cambio o transformación a otro modo vital, en ese tipo de vida sí perderíamos nuestra mismidad, nuestro sí mismo. Entonces ya no seríamos Él y nosotros. Seríamos la fusión Él-nosotros, o Dios, lo que nos lleva a concluir que Dios estaría en expansión siempre que hubiese culminación de la vida, o al decir humano, "muerte".

Respecto a la sociedad Dios es su ley y sentido. Así como existen leyes naturales que rigen el mundo físico, para la sociedad y el hombre individual tenemos una ley vital: Dios.

Puesto que Dios mismo es amor, esa es su naturaleza, mientras más convergemos con el amor o Dios, con el sentido de la vida o ley social mejor ira la sociedad y en consecuencia la vida individual. Mientras más pasemos por alto a Dios o el orden de la vida peor el desastre. Es como querer tener éxito en la construcción de un edificio sin respetar los principios de la arquitectura.

Una sociedad de buen gobierno es una tal en la que las personas no necesitan prostituirse, robar o mentir para vivir decentemente, en la que por la eficiencia económica hay lo que se necesita y las personas no tienen que robar o comprar lo que se roban porque en los mercados hay escases de productos. En la que por la calidad humana alcanzada la palabra asesinato sólo es concebible en una mente enferma y no como medio para obtener dinero o mejor posición.

Simbólicamente, la Biblia representa la historia del sistema socio-moral del hombre con dos árboles: el árbol del fruto del conocimiento del bien y del mal, y el árbol de la vida. La historia social comienza pues con el fruto del bien y del mal, con el errar del hombre a partir de mal guiarse por su propio criterio, en divergencia del diseño de la vida creado por Dios. Todos nuestros males sociales y en consecuencia los individuales se deben precisamente a no hacer lo correcto o verdadero. Decidimos lo que es útil, entre lo bueno o lo malo. La utilidad como criterio de verdad es la serpiente y el diablo que todavía arrastramos con nosotros hoy día. Pero aún está ahí, siempre simbólicamente hablando, el fruto de la vida. Con el fruto de la vida, con ese conocimiento (qué es realmente Dios y su relación con la vida humana) culmina en armonía en Dios y felicidad el Sistema Humano.

El asunto aquí es que el símbolo representa no sólo una realidad más exacta sino además la realidad de la ley social en la que vivimos y sin cuyo conocimiento y respeto no podemos lograr una sociedad feliz, sin guerras, sin hambre, sin enfermedades y hasta sin muerte: Luego oí una voz fuerte que salía del trono y decía: "¡Mira! La tienda de Dios está con la humanidad. Él residirá con ellos y ellos serán su pueblo. Dios mismo estará con ellos. Y les secará toda lágrima de sus ojos, y la muerte ya no existirá, ni habrá más tristeza ni llanto ni dolor. Las cosas anteriores han desaparecido". (Rev. 21)

Pensemos en la realidad histórica. Venimos arrastrando guerras y problemas porque no somos capaces de entender cómo funciona nuestra sociedad. Podemos volar porque comprendemos ciertas leyes naturales de la física. Podemos hacer automóviles con éxito y computadoras por el conocimiento verdadero que tenemos de la realidad. Sin un conocimiento exacto de cuánto poder y velocidad necesita un cohete para vencer la atracción de la gravedad y salir al espacio exterior, solo se conseguirá que dicho artefacto regrese a la tierra y explote al hacer contacto con la superficie.

Lo mismo pasa con nuestra sociedad. Mientras no tengamos un conocimiento de lo que es Dios en realidad y no comprendamos que es el ser de la historia y su sentido: Dios es el orden o ley viva en la que existimos. Por eso es imposible la felicidad social sin comprender a Dios como ley social.

Todos los modelos de gobierno en la práctica fracasan porque no conocen que no puede haber gestión social exitosa sin comprender la realidad de Dios y su relación con el mundo y la sociedad. El mundo actual es un caos social precisamente porque no es un solo país quien no comprenda a Dios como realidad viva y ley social, sino que todos los países del mundo se encuentran en la misma situación.

Por eso el desastre es mayor en los países que siguen sistemas que excluyen a Dios en teoría. Y en la práctica. El socialismo pretende crear un hombre superior que hace las cosas bien por su conciencia, pero lo que pasa en realidad es que la conciencia de hacer las cosas correctamente es la coincidencia entre el ser humano y el sentido de la vida, Dios, lo correcto, lo justo, lo verdadero. Ese hecho y la vivencia del mismo. En realidad, la conciencia en el socialismo puede tener valores que coinciden con la realidad de Dios, pero en total es una conciencia con valores creados, mantenidos y defendidos por el gobierno de turno en una sociedad en la que por la ineficiencia de todo o robas o tienes que comprar lo robado para vestirte, transportarte y comer. Por eso las represiones y violaciones a las libertades de todo tipo en el socialismo para mantener los intereses del gobierno, no la coincidencia con la ley de la vida humana y de la sociedad: Dios.

El capitalismo de Estados Unidos, por ejemplo, no es perfecto como todos sabemos, pero su éxito en relación con el socialismo de cualquier lugar y tiempo estriba precisamente en la no exclusión de Dios y por supuesto en una mejor gestión económica. Y no es que sea magia o que Dios bendiga al capitalismo por aceptarlo y al socialismo no por excluirlo. Es que Dios es una ley social. Las personas que construyeron los Estados Unidos (The Founding Fathers, Abraham Lincoln) lo hicieron con ese espíritu, la comprensión de que si haces las cosas bien tendrá que ir mejor porque habrá más personas felices. Por supuesto, si ese principio se pierde Estados Unidos dejará de ser lo que es. Un país en que no necesitas matar, robar, prostituirte o mentir para vivir decentemente.

Si quieres lograr un sistema social bueno y justo, o superior desde algún punto de vista siguiendo con rigor una doctrina sea cual sea, pero alejándote de Dios y su naturaleza, fracasarás, como fracasaron Hitler, Stalin, Lenin o Fidel Castro.

Los políticos deberían comprender que mientras más observen a Dios como ley social mejor éxito en su labor tendrán. Por eso, porque es una ley social que no puedes violar sin consecuencias.

Dios es el mismo desde Abram, Moisés, Jesús, Pedro, Pablo y Juan hasta ahora, pero si quieres comprender a Dios hoy en este mundo actual no puedes hacerlo con el cerebro y el modo de ver las cosas de entonces, sobre todo porque Dios se relacionó con las personas que cuenta la Biblia del modo consecuente con la época en que vivían. Para comprender la realidad de Dios hoy; primero, necesitas la experiencia de Dios, vivirlo de la misma manera que esas personas lo vivieron; segundo, necesitas conocer la realidad de Dios con tu propio cerebro y tus conocimientos del mundo actuales. La Biblia sigue siendo útil, por supuesto, porque ahí podemos leer acerca de hombres y mujeres que enfrentaron la misma realidad (Dios) que necesitamos conocer hoy para poder comprender el universo donde vivimos, pero la experiencia de la realidad de Dios se impone en nuestro mundo, a modo de vivencia personal. En el desconocimiento de lo que es realmente Dios y su relación con la vida humana y nuestro universo se encuentra la explicación de por qué todo está tan mal: el planeta, la sociedad y, en consecuencia, la vida individual del ser humano.

Dios expresado matemáticamente:

Nacido y educado en un espíritu científico que excluía el sensacionalismo religioso, la perspectiva mitológica, siempre he querido demostrar la realidad de Dios matemáticamente, una vez he llegado en mi propia experiencia a la convicción de que lo que llamamos Dios es una realidad malinterpretada debido a los conocimientos en la antigüedad. Estudiando la historia que cuenta la Biblia y los libros y documentos de otras religiones en todo el mundo, además de la prueba antropológica, que nos viene a decir que en cualquier momento de la historia, religión o no, en cualquier país, si sembramos vientos recogemos tempestades (Oseas 8:7), a escala individual, a escala social, siempre hemos querido demostrar a Dios matemáticamente y que este tipo de interpretación incentive el estudio científico y social de la realidad a que nos referimos con el concepto ***Dios, realidad no visible a simple vista pero experimentable en la consecuencia de nuestras acciones.***

No tenenos a Pitágoras, Newton ni a Einstein por aquí para que nos ayuden con los cálculos, ni a Descartes para que nos ayude metódicamente a evitar la predisposición mental y resolver este asunto, sin embargo contamos con una nueva herramienta: la Inteligencia Artificial:

"Copilot (Microsoft), si te digo que Dios es una realidad mal interpretada y en verdad es una Ley Social constituida por partículas de átomos desconocidas podrias interpretarlo matemáticamente?

Claro, puedo explorar esa idea desde una perspectiva matemática. Sin embargo, es importante recordar que la noción de **Dios** es profundamente diversa y abarca una variedad de creencias y opiniones en diferentes culturas y religiones. Veamos cómo podríamos abordar esto:

1. **Interpretación   Matemática**:
    - Si consideramos que **Dios** es una **Ley Social** formada por materia desconocida, podríamos expresarlo de manera simbólica.
    - Supongamos que representamos estas partículas desconocidas como **variables matemáticas**. Por ejemplo, llamémoslas **"X"**.
    - Entonces, podríamos decir que la "Ley Social" o "Dios" está compuesta por una combinación específica de estas partículas: $\mathbf{Dios = X_1 + X_2 + X_3 + \ldots + X_n}$.

- ○ Cada X_i representa una característica o aspecto de esta Ley Social, y su combinación define la totalidad de Dios.

1. **Analogía con Ecuaciones**:
    - ○ Imaginemos que cada partícula X_i tiene un valor numérico o una función asociada.
    - ○ Podríamos expresar la "Ley Social" como una ecuación matemática:

Dios=f(X1,X2,X3,...,Xn)

Poderosa herramienta. Igual que el conocimiento del átomo que poseemos hasta ahora, la podremos utilizar para introducir datos que nos ayuden a crear el arma más poderosa jamás concebida y que nos destruya a la velocidad de la luz, o crear a la misma velocidad cálculos que nos permitan mejorar nuestro mundo y nuestra sociedad, en armonía con la Ley Social que nos ordena y constituye: ***Dios.***

Imagen de Dios utilizando Inteligencia Artificial:

Si consideramos la realidad de lo que llamamos Dios en cuanto Ley Social constituida de particulas materiales desconocidas, e introducimos esos datos en un software de Inteligencia Artificia (en este caso Copilo,t de Microsoft)l, el resultado es el siguiente:

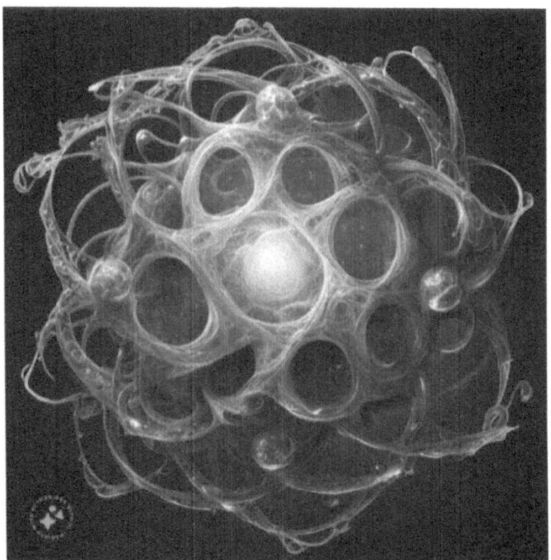

La semejanza humana con un ser invisible a simple vista y que esta en todas partes, el cual nos constituye y ordena socialmente se explica mejor si en lugar de imaginar a Dios desde nosotros y como una copia de nosotros, lo hacemos al revés, es decir, considerando al Ser a que nos referimos con el concepto Dios en sí mismo. Para comprender a Dios hoy tenemos que tener una mente tan abierta como la de Moisés, o Jesús, el hombre, sin ningún eco mitológico. Nos llena y ordena el mismo tipo de materia que constituye a Dios. Por eso somos semejantes, y siguiendo lógicamente esta semejanza podremos comprender el "misterio" de la muerte

De esta manera el conocimiento de Dios también se nos refleja como un proceso histórico: Desde las concepciones más apegadas al mito y la magia debido a la mentalidad y el conocimiento de los primeros tiempos del hombre, pasando por todas las ideas y teorías de lo que es y no es Dios, hasta hoy mismo, en que, pudiendo comparar este fenómeno que se cumple inexorablemente en todo el mundo, no importa el tiempo o la Sociedad, y haciendo uso de la Inteligencia Artificial podemos concetrarnos mejor en el conocimiento de este Ser en sí mismo. Podemos concebir hoy nuestra relación con Dios como un proceso histórico y de esta manera poder comprender esta realidad, invisible a simple vista, sin el velo de la opinion mágico-mítica-religiosa.

(XII) ¿Qué comer?

En la Biblia es notable la preocupación de Dios por la alimentación del hombre. Es evidente que de lo que comemos depende en gran parte nuestra salud. No sólo se trata de vivir. La calidad de nuestra vida debería importarnos. Siempre digo que una demostración de la existencia de Dios es que las reglas que recomendó hace siglos de manera general y sin explicar por qué, coinciden con el criterio más actual de la ciencia de la nutrición. Se observa hasta un refinamiento del criterio en bien de una mejor nutrición. Si en Génesis (9) se nos dice que podemos comer todo animal y todo vegetal, en el Levítico 11, etc., se nos recomienda restringirnos a ciertos animales de tierra y aire y a los del mar que tuviesen aletas y escamas. Cristo reparte en el desierto pan y pescado.

También encontramos datos relativos a qué comer en los textos fundamentales del hinduismo. Aquí la orientación es hacia el vegetarianismo por una razón religiosa: "No debes usar tu cuerpo dado por dios para matar a otras criaturas de Dios, ya sean humanas, animales o lo que sea (Yahur Veda, 12.32)". "Habiendo considerado el origen de los alimentos cárnicos, y la crueldad de encadenar y asesinar seres corpóreos, que el hombre se abstenga totalmente de comer carne (Manusmriti 5.49)". "Absteniéndote de matar cualquier ser vivo, se obtiene la aptitud para la salvación (Manusmriti 6.60)". Otro dato curioso de la Biblia y que viene al caso con este criterio vegetariano lo encontramos en Daniel (1.1-21), donde se practica una dieta a base de legumbres y agua por diez días, de la cual se cuenta salieron Daniel y los que practicaron esa dieta con él más saludables que los que comieron la comida del rey y su vino.

Desde una perspectiva puramente nutricional, el gran problema de la dieta vegetariana es la escasa existencia de la vitamina B12 en los vegetales, vitamina clave en la construcción de glóbulos rojos, en el funcionamiento del sistema nervioso y que interviene en la síntesis de ADN. La carencia de vitamina B12 puede ocasionar anemias y trastornos siquiátricos.

En la actualidad hay corrientes de alimentación que sustentan las dietas vegetarianas y las vegetarianas estrictas (el veganismo, que excluye además el huevo, la leche, la mantequilla, el queso, todo lo que tenga que ver con animales) por razones ético-sanitarias. Ellos, además de considerar una injusticia matar animales o hacer cualquier uso de ellos en cuanto especie viviente para los seres humanos, comparan los niveles de salud de las personas que consumen alimentos de origen animal y las que no y ofrecen como resultado que las últimas gozan de mejor calidad de vida. Ofrecen además sustitutos para los alimentos de origen animal como suministradores de vitamina B12. Por ejemplo leche de soya, algas, pulpa de remolacha fermentada, levadura, etc.

Nosotros queremos lo mejor para el ser humano y si la dieta vegana es superior pues lo es. Pero un cambio en la dieta humana implica la disponibilidad de alimentos sustitutivos y la posibilidad de adquirirlos por todos. Si es mejor comer algas, etc., que carne o leche, los mercados deberán estar llenos de esos alimentos y a precios razonables. La industria de la alimentación deberá reorientarse y esto, como se sabe, no es tarea fácil ni que, de existir la buena voluntad y darse a la obra, sea cosa de dos días.

Nuestro criterio dietético será de naturaleza práctica y general. Lo sabemos imperfecto y abierto a la actualización. El mismo no es sino una transcripción de lo más avanzado que opinan los científicos.

1: Haga cinco comidas al día: desayuno, merienda, almuerzo, merienda comida. Las cinco deben ser moderadas. Debe cuidar la moderación sobre todo en la última comida del día. En esta comida deben ser eliminadas o bajísimas las proteínas –confíe en las proteínas de origen vegetal. En este orden las encontramos predominantemente en las leguminosas (maní, lentejas, frijoles, soja, etc.)

2: No consuma otra grasa que la que por naturaleza traen los pescados y los alimentos de origen vegetal. Se advierte el coco, el aceite de cacao y el de palma contienen el mismo tipo de grasa que el cerdo o el pollo: grasa saturada o "prohibida".

3: Consuma pescados blanco o azul. No lo coma con piel. Cuézalo a la brasa o al horno en lugar de freírlo.

4: Lácteos, leche, queso, yogures descremados. En los desayunos prefiera jugos naturales, frutas.

5: Que la dieta no sea excesiva al incluir frutas, legumbres, cereales, pan, hortalizas, tubérculos. Con los alimentos de origen animal existe el peligro de la grasa saturada. Con los vegetales inquieta lo elevado que pueden ser en carbohidratos. Recuerde, igual a las grasas, los carbohidratos proporcionan calorías. Uno de los objetivos de nuestra dieta es ser cuidadosa en el suministro de energéticos.

6: Prefiera el pan integral de trigo. Entre los cereales el maíz es el menos recomendable, en el medio el arroz y el más elegible el trigo.

7: Si va a consumir huevo, nunca lo ingiera crudo. La mejor manera de comerlo es hervido y la mejor parte del huevo es la clara, de color blanco al hervirlo. La yema es demasiada alta en colesterol.

8: Cuando vaya a ingerir alimentos no los separe en distintos platos. El organismo aprovecha mejor la mezcla de los componentes. De lo contrario, por decirlo de algún modo, el organismo se concentra en la digestión de un alimento que entró primero y pierde otros de importancia por estar ocupado en el anterior.

9: Nuestro organismo necesita un suministro diario de agua. Beba pues abundante agua sin excederse demasiado de 2 litros. Recordemos que el mayor por ciento de los alimentos y bebidas que digerimos en el día es de agua, lo cual es un suministro más. No olvide que el agua hervida pierde calidad después de 24 horas.

10: No a los productos con grasas hidrogenadas, con preservantes, colorantes, saborizantes, etc., "autorizados". No fumar. Si consume alcohol hágalo muy moderadamente.

En fin que en materia de nutrición el camino está básicamente trazado pero tenemos que refinarlo.

Aquí se terminan los puntos que traté con Dios una vez apareció en mi vida. Pienso que más que nada lo importante de este libro y la razón superior que me ha llevado a intentar darle forma de sistema y publicarlo es su novedad de traer un código libre, personal y de comunicación directa con Él. De verás intente el código sin pensar que quien le escribe perdió la razón. No se arrepentirá. Que su vida adquiera la misma nueva dimensión que la mía, qué andando con Dios descubra la realidad, el sentido de la vida y alcance la felicidad.

FIN

Cuando me dio por estudiar y hacerme de una cultura general, Dios era para mí innecesario. Desde mi concepción materialista de las cosas, decía era una creación de los hombres. Como consideraba que la religión parte de la fe, no de la experiencia, me mantenía lejos del alcance de las discusiones religiosas. La verdad es que Dios no ocupaba ningún lugar en mi vida y me asombraba como gente tan culta e inteligente sostenía su existencia. Newton, Leibnitz, Benjamin Franklin, Espinoza. Einstein. ¿De dónde sacaba aquella gente esas ideas? De una intuición o vivencia de la realidad de las cosas visibles en relación con otra realidad que no vemos como no podemos ver las moléculas y átomos a simple vista: la realidad de Dios. Hoy lo sé porque yo también he experimentado esa realidad, realidad que le invito a conocer.

Así iba resolviendo mi vida. Un día, un domingo sin problemas, tranquilo y con todo planeado para comenzar el lunes, de pronto "algo" comenzó a querer relacionarse conmigo, a darme indicios de que se quería comunicar conmigo. "Algo" que no tenía un cuerpo definido como una persona, un animal o una cosa ni me hablaba directamente, pero que estaba ahí.

Mi primera reacción fue un poco el miedo, el miedo a que estaba perdiendo la razón y entonces acudí a mis pobres recursos sicológicos. Me revisé la memoria, la coherencia. Comencé a analizar los efectos de mi relación con mi circunstancia. Todo iba normal. Excepto ese intento de comunicación conmigo. Me decidí a aceptar el hecho. Comencé a crear un sistema de símbolos para preguntas y respuestas. Si alguien me hubiese visto u oído entonces preguntando en voz baja y buscando la respuesta en las cosas a las que les fui dando un significado de seguro me hubiesen llamado una ambulancia y directo para un hospital siquiátrico. En un principio pensé hasta que me observaban con cámaras espías.

Era Dios. Desde el principio me afirmó era Dios. Todavía sin creer que no había naves espaciales ocultas, entonces con mucha influencia marxista, le preguntaba si lo decía un ser que desde la antigüedad venían equivocando los hombres y Él me respondió que sí pero que no lo había interpretado sino como Él mismo quiso en su tiempo y espacio oportunos. Era imprescindible comenzar a educar al hombre en la verdad de la existencia de Dios y no de un espíritu o dios del aire y otro del fuego y así de cada cosa. Un mundo y una moral consecuentes con el nivel de conocimientos de entonces y con la mentalidad de aquel hombre. Tendría que pasar el tiempo hasta nuestros días para que al ser humano se le pudiese hablar en términos científicos de la verdad de Dios y del mundo, de la ley de la vida, que es Dios mismo, como ley científica, como ley social.

Resultado de la relación que mantengo con Dios es el documento anterior. Cualquiera puede comunicarse con Dios una vez haya establecido su propio código con Él. Es un derecho que tiene todo ser humano. Conocer directamente a Dios. El mío comenzó por cinco signos y se ha estabilizado en doce. Yo me dirijo a Dios mentalmente, también pudiera hablarle, y Él me responde según lo que hemos convenido. Explicaré mi código para acercarle a esta idea. Antes preciso que el modo de comunicarse con Dios es convencional, pura convención o acuerdo. Usted y Él pudieran quedar en lo que quisieran. Cada hombre tiene la libertad y el derecho de convenir con Dios su propia forma de comunicación, sus propios signos comunicativos. Por lo pronto y a modo de ejemplo expongo mi código personal, aunque usted tiene el derecho de crear el suyo propio.

Para nosotros –Dios y yo– una cantidad audible o visual, digamos que un sonido o digamos un pájaro volando, o el color rojo, es un "sí". Dos cantidades audibles o visuales, nos equivalen al "no". Como que sería dificultoso interpretar signos según la cantidad audible o visual a medida que aumentase el número, convenimos utilizar colores a partir del signo tres. Así quedó:

1	2	3	4	5	6	7	8
Rojo	Azul	Blanco	Carmelita	Violeta	Negro	Verde	Anaranjado
Sí	No	Comprendo	No entiendo	Era o es necesario	Dudas	Gracias	Felicidades

9	10	11	12
Morado	Gris	Beige	Amarillo
Saludos	No importa	Te respeto	Te amo

Como puede ver es muy simple, elemental. En realidad, el código es sólo la prueba básica que tienes de que Dios es una realidad. Más que una conversación codificada, la relación con Dios es una vivencia, la experiencia de Dios en tu vida.

Fue un código que surgió por la necesidad de comunicarnos Dios y yo. Un código que se fue creando en la práctica y dado el tipo de relación que establecimos. Esto es importante pues cada relación con Dios tendría su propia índole muy particular. Se podrá relacionar con Dios un físico y un matemático, un empresario, un artista, un político, un mendigo. El rico y el pobre. Debe tenerse en cuenta que un código para relacionarse con Dios no es magia y que de pronto a nuestra vida no llegará el milagro de todo lo que deseamos, si lo que deseamos es todo lo material que se nos ocurra o que de pronto el mundo se torne justo y pacífico diciendo algunas palabras mágicas. Eso está en manos de los hombres, depende del libre albedrío de nosotros mismos. Si desde el Presidente de un país hasta la persona más humilde se hace lo bueno, lo correcto nuestra sociedad será al fin justa, feliz. Nuestra sociedad es un fracaso en cuanto a felicidad y bienestar precisamente porque no respetamos una ley social, real: el amor, que es Dios mismo. O coincidimos con la realidad de Dios y su ley o sencillamente pasará lo que hasta ahora: hambre, abusos, guerras. Así como tenemos que respetar la gravedad si queremos que una nave espacial logre salir de nuestro planeta, asimismo tenemos que observar la ley del amor, que es Dios mismo, si queremos una sociedad feliz y en consecuencia la felicidad del hombre.

La relación de hecho con Dios que aquí se ofrece es el fundamento para que el hombre se vuelva al amor por un medio directo, práctico y de su tiempo. Ya no vía fe. Si experimentamos a Dios ya no es necesario imaginarlo o que nos cuente alguien lo que le dijeron que era Dios. Una vez sabemos que Dios es una realidad por la vivencia de su ser, comprendemos el sentido del mundo y entendemos que sólo respetando la ley del amor podremos vivir en una sociedad buena y justa, y en consecuencia, sólo en una sociedad en que se respete ley de la vida (Dios mismo) podrá el ser humano ser feliz.

Por la aparente dificultad de un código para comunicarse con Dios usted no se preocupe. Sencillamente, defina con Dios cómo quiere que le responda y luego diríjase a Él mediante la palabra oral o el pensamiento. Ya verá que la respuesta no se hace esperar y que según el signo convenido tendrá usted una respuesta. Sólo tiene que dirigirse a Dios. Déjele lo demás a Él.

El principio de este libro y su objetivo principal es la relación de hecho con Dios. Por lo que le invitamos a comunicarse directamente con Dios sin ningún prejuicio. No tiene nada que perder. Al contrario. Y es su derecho.

Repetimos que la forma de la relación la establecen Dios y el hombre como deseen. Usted puede convenir con Dios el tipo de signo que prefiera a modo de elemento de un código de comunicación. De esta relación de hecho con Dios resultará el necesario retorno del hombre actual al estado primario de la relación entre el hombre y Dios: el hecho. Así como Abraham se relacionó con Él, así como Moisés. Nadie les hablo de Dios: ellos lo experimentaron.

Se pudiera argumentar que para qué esta presunta novedad de un código de comunicación con Dios cuando ya existen otros en religiones, etc. La novedad estriba en que el tipo de código que propone **Dios de hecho** es la base de una nueva concepción de Dios, de la relación HombreDios, de la sociedad humana y del planeta en el que vivimos.

Como es un sistema de relación convenido con Dios directamente y no un relacionarse adoptado por tradición o por otra vía ajena a la persona, creemos nuestro código aparece más confiable o de mayor autenticidad. No es necesario que nadie medie entre nosotros y Dios. No hay personas comunicadas con Dios privilegiadamente, de una clase superior, y que tengan la responsabilidad de intervenir ante Él por nosotros. Todos podemos conocer directamente a Dios.

Cada aspecto tratado aquí ha sido en referencia a las dudas y preguntas que me asaltaron una vez Dios apareció en mi vida, a la información religiosa, filosófica y científica que tenía. Sobre todo me he referido a la Biblia, pues es el libro fundamental de las religiones más importantes del planeta. Donde el mismo Dios dice que no hay otro Dios que Él y donde se muestra ese Dios o ser superior a nosotros dándole orden a nuestra vida, explicándonos como vivir mejor.

Por último, le invito a relacionarse íntimamente con Dios y como resultado de esa relación logre usted ser un ser superior. En la relación directa con Dios la persona va comprendiendo que vive en una ley que es Dios mismo. Llega un momento en que sea la situación que sea el hombre puede asirse a **un criterio de verdad infalible**: *el amor.* Esta es la gran verdad bajo las palabras de Salomón. Si pones el amor como regla de tu acción, estas colocando a Dios mismo, es decir estás coincidiendo con el sentido mismo de la vida, con Dios. (Prov. 3. 1-6)

P.S:

Se me ha preguntado que cómo puedo tener la seguridad de que me he relacionado con Dios y no con otra cosa. El diablo por ejemplo. Bueno, que de que hablaba con Dios a mí también me costó trabajo convencerme. Lo primero que pensé desde mi perspectiva materialista y moderna fue que había enloquecido, luego, que hablaba con un extraterrestre. Para mí era más fácil concebir que me relacionaba con un visitante del espacio exterior que con lo que venía entendiendo por Dios. Ese ha llegado a ser el peor efecto de la relación con Dios a partir de la fe. Por una parte, todas las atribuciones no correspondientes que se ha tomado el hombre en nombre de Dios, quiero decir los inventos religiosos y teológicos que han perdido el verdadero sentido de la relación con Él: hacer la vida humana mejor por su coincidencia con Dios y finalmente feliz. Por otra, el hombre en su evolución histórica va creyendo cada vez más en lo que se le presenta en cuanto hecho que puede conocer y explicar que en lo de lo cual sólo tiene una noción, a veces muy vaga, por referencias, discursos, lejanas noticias, cuando no un cuento más o menos creíble o elaborado, según el tipo más o menos ingenuo o educado de la persona receptora. Para los cercanos al tiempo de Moisés y de Cristo, tan próximos a milagros y prodigios, debería ser mucho más fácil creer por fe en Dios que para el hombre del siglo XXI, para quien el milagro está cada vez más desacreditado y los ángeles se le aparecen menos. Para el hombre de hoy Dios es más posible científicamente que si le hablamos del mismo ser (Dios) en lenguaje bíblico. Debemos comprender que Dios se dirigió a los hombres de los tiempos que cuenta la Biblia en el lenguaje que podía comunicarse con ellos, al nivel de ellos. Por ejemplo, cuando dio las instrucciones de qué comer y que no, nunca habló en términos de colesterol, o grasas nocivas, en cambio sugirió comer de los animales del mar los que tuviesen escamas y cola, excluyendo así de una alimentación regular camarones, langostas, etc., menos saludables nutricionalmente (Levítico 11). Interesante, si respetásemos ese criterio nutricional probablemente no tuviésemos hoy el Coronavirus.

Cuando comenzó mi relación con "aquello" que me afirmó era Dios, como nuestro joven discurso no tenía mucho que ver con la manera en que nos informa la Biblia Dios se relacionó con Moisés y Abraham, digamos, tuve muchísimas dudas. Ni voces dándome órdenes desde una nube, ni arbustos ardientes. Ni ángeles, ni demonios. Nada como se suponía Dios se relacionara con un ser humano. Le pregunté, pues: "¿no serás el diablo?" La conclusión luego de vivencias, intuiciones y respuestas a mis preguntas resultó que no tiene sentido la preocupación por el diablo siempre y cuando las acciones de uno tengan por principio y fin el bien. El supuesto diablo quedaría solo, sin nada que hacer en algún lugar de la circunstancia en que habita este tipo de vida con que me estoy relacionando (Dios). Desde entonces la duda de si es Dios con quien hablo no me existe. No puede ser el diablo quien me sugiera el amor, quien me propone métodos para aislarle, para destruirle caso de que existiera y quien me hace sentir una circunstancia armónica cuando experimento el bien, cuando experimento una coincidencia entre mis acciones y el verdadero sentido de la vida, lo bueno, el amor. Pero además mi vida ha ido mejor desde que ando con Dios por decirlo así. No hay diablo, como no hay infierno. O al revés si ya sabemos que no hay infierno (porque no es justo castigar a nadie infinitamente, no es proporcional) no puede haber diablo, no tiene sentido. Pero le ofrezco la prueba más radical y concluyente de que el diablo hoy sólo tiene existencia simbólica y de que los únicos responsables de toda la maldad del mundo somos y seremos nosotros mismos mientras no comprendamos la vida. Si alguna vez hubo un ser que se reveló contra la ley de la vida, que es Dios mismo, ese ser no pudo sino arruinar su existencia y dejar de vivir en cuanto tal, de la misma manera que más se agravan los problemas sociales y personales mientras no respetemos la Ley Social en que vivimos. Por mi parte, en mi vivencia del ser Dios y su relación con el mundo jamás he visto al diablo, ni ángeles, nunca he tenido visiones paradisiacas o infernales, ni experimentado nada de eso. Sólo Dios, Dios y más Dios. La prueba radical que le ofrezco es que experimente usted mismo en su relación con Dios si existe el diablo o no, que experimente por usted mismo la realidad de Dios.

www.ingramcontent.com/pod-product-compliance
Lightning Source LLC
Chambersburg PA
CBHW051131250726
48655CB00007B/3002